Halwart Schrader

Gast-Häuser und historische Hotels

Frankreich

Ein VerFührer zu französischer Lebensart auf Reisen

1. Auflage

HOFFMANN VERLAG

Hinweis: Alle Eintragungen in diesem Führer erfolgten nach den Auswahlkriterien vom Autor und vom Verlag; kein Eintrag wurde gegen Bezahlung vorgenommen.
Die Fotos stammen vom Autor bzw. wurden von den Häusern, denen sie zugeordnet sind, zur Verfügung gestellt.

Titelbild: Hotel Auberge de la Fleur d'Ajonc

Die Deutsche Bibliothek - CIP-Einheitsaufnahme

Schrader, Halwart:
Gast-Häuser und historische Hotels - Frankreich :
ein VerFührer zu französischer Lebensart auf Reisen /
Halwart Schrader. - 1. Aufl. - Gerlingen : Hoffmann, 2002
ISBN 3-927109-96-7

www.hoffmann-verlag.de
Druck und Bindung: Memminger MedienCentrum

Titelabbildung: Halwart Schrader
Beschreibung siehe Seite 148

ISBN 3-927109-96-7

FRANKREICH À LA CARTE: ZU DIESEM BUCH

Lieber Leser und Freund französischer Lebensart,

möge Ihnen dieser Hotel- und Restaurantführer gute Dienste leisten, wenn Sie das nächste Mal in Frankreich unterwegs auf Reisen sind. Vermutlich ist er nicht der erste und einzige, den Sie konsultieren, Aber er ist ein wenig anders als andere und enthält ein paar angenehme Überraschungen für Sie.
Insbesondere, wenn Sie Frankreich schon einige Male bereist haben, werden Sie den Wert dieses (Ver)Führers bald zu schätzen wissen. Denn das Besondere an seinem Inhalt ist die Auswahl von Gast-Häusern und Restaurants, mit denen es eine mehr oder weniger historische Bewandtnis hat. Jedes Hotel und jede Auberge, jedes Relais und Château, aber auch die ehemaligen Klöster oder Poststationen, die durch ihren Charakter, ihren Charme und nicht zuletzt durch ihre Lage ein besonderes Flair aufweisen, wurden mit kritischer Sorgfalt ausgewählt. Jedes einzelne Haus habe ich aufgesucht und mit dem Patron oder mit der Patronne gesprochen, ich habe die Räume besichtigt und den einen oder anderen Gast nach seinem Urteil befragt. Nicht sämtliche auf meinen Reisen besuchten Häuser, die man mir empfahl, erfüllten die Kriterien, wie sie dem Anliegen dieses Buches entsprechen; andererseits gibt es mit Sicherheit zahlreiche weitere Herbergen, die eine Aufnahme in diesem Buch wert gewesen wären, hätte ich sie kennengelernt. Frankreich ist ein großes Land.
Und ein sehr schönes. Jede Region hat ihre eigenen, typischen Reize. Die abwechslungsreichen Landschaften, die Atmosphäre insbesondere der kleinen und kleinsten Städte, Dörfer und Weiler vermittelt dem, der zu schauen und Eindrücke zu speichern versteht, unvergessliche Bilder. Ob in der Normandie oder in der Provence, in Aquitanien oder im Elsass, im Limousin oder in der Bourgogne: Es lohnen die Abstecher über unscheinbare Départementstraßen, denn gerade sie führen häufig zu den versteckten Plätzen, die ausfindig zu machen dem Reisenden mit einem Schuss Romantik im Blut am Herzen liegt.
Gewiss, jeder Hotelier möchte seinen Gästen zeitgemäßen Komfort bieten, deshalb fiel in den letzten Jahrzehnten dem

Renovierungs- und Modernisierungseifer der Gastronomen so manche wertvolle Substanz zum Opfer – weil sie eben »alt« war. Und viele Innenarchitekten haben die Chance nicht wahrgenommen, aus vorhandener historischer Materie etwas mehr zu machen als sie mit Dekomaterial aus dem Baumarkt zu bekleben. Andererseits möchte heute niemand mehr Kamine oder Öfen heizen, um im Winter die Gästezimmer warm zu bekommen, oder die Segnungen des »...avec bain/douche/wc« missen. Aber dem Franzosen ist das, was er auf dem Teller hat, wichtiger als die Authentizität alter Holzbalken an der Decke; die Qualität der Gastronomie mißt er nicht am Drumherum. Das ist häufig eher ein persönliches Anliegen ambitionierter Hoteliers, und auch die müssen kalkulieren, ob die Rechnung aufgeht.
Kleinere Gasthöfe mit Tradition liegen häufig an Straßenkreuzungen oder anderen belebten Plätzen. Und da es auf einigen National- und Départementstraßen morgens und bis in die späten Abendstunden hinein recht lebhaft zugeht, könnte es sein, dass der Gast in solchen Häusern nicht die gleiche ungestörte Nachtruhe findet wie in einem Château mitten in einem großen Park. Zugeständnisse an das Alter mancher Häuser sind gelegentlich auch hinsichtlich Bad und WC zu machen. Frankreichliebhaber nehmen das in Kauf.

UNTERWEGS AUF DEN STRASSEN FRANKREICHS

Der Tourismus in Frankreich hat in den letzten Jahren stark zugenommen. Aber selbst wenn die Franzosen Sommerferien haben, staut sich der Verkehr nicht in endloser Länge auf den Alleen der Provinz. Das weitläufig angelegte, hervorragend gepflegte Straßennetz in Frankreich (Bonaparte sei Dank) ist von unglaublicher Aufnahmefähigkeit. Eng geht's nur in den Städten zu, besonders in den klassischen Ferienorten. Vor allem: Wer dort nicht im Voraus sein Quartier gebucht hat, kann auf der Suche nach einer Unterkunft schon einmal verzweifeln...
Wenn ich in Frankreich unterwegs bin, bevorzuge ich – gewissermaßen als Hommage an das Gastland – möglichst französische Autos. So habe ich es stets einzurichten versucht, meine Reisen durch Frankreich mit einem Citroën zu absol-

vieren. Was aber nicht nur etwas mit privater Sympathie zu einer französischen Traditionsmarke zu tun hat, sondern – das gebe ich gern zu – auch mit Genusssüchtigkeit.
Schon der legendäre Traction Avant und erst recht die klassische DS und der feudale SM bescherten mir in Frankreich viele Stunden unvergleichlichen Fahrvergnügens, ebenso Reisen mit dem 2 CV und vor nicht allzu langer Zeit mit dem pfiffigen Berlingo. Mit einem extrem sparsamen C5 HDI der jüngsten Citroën-Generation unterwegs zu sein, hat auch ökonomische Vorteile. Meine über annähernd 20.000 Frankreich-Kilometer bewegten Autos brauchten mit exakt 6,9 Liter pro 100 Kilometer nur halb so viel (Diesel-)Sprit wie etwa mein 1951er Traction Avant, den ich seiner Zuverlässigkeit und exzellenten Straßenlage wegen sehr zu schätzen wußte. Lang' ist's her... »Ah! La nouvelle berline!« hörte ich häufig, wenn ich an meinem Etappenziel dem C5 Jahrgang 2001 entstieg. »Seit fünfzig Jahren bin ich Citroënist,« sprach mich ein älterer Herr in einer kleinen Stadt an der Garonne an. »Darf ich mich mal in Ihr neues Auto setzen?« Dann: »Merveilleuse, vraiment...« Viel Französisch müssen Sie nicht verstehen, um Komplimente über das Auto Ihrer Präferenz entgegenzunehmen.

KÜCHE UND KELLER

Französische Sprachkenntnisse mögen im Zeitalter der GPS-Navigation bei der Suche nach einem bestimmten Reiseziel nicht zwingend notwendig sein. Sie sind indessen für das Studium der Speisekarte nützlich. Genieren Sie sich nicht, das Glossar im Anhang dieses Buches zu konsultieren – da Sie ein Landesfremder sind, erwartet niemand von Ihnen, dass Sie Gourmetfranzösisch beherrschen. Und wenn man Ihnen auf die Frage nach der Zubereitung so mancher Hausgerichte der ländlichen Küche – cuisine terroire – bereitwillig Auskunft gibt, möchten Sie gewiss auch verstehen, was der Koch Ihnen zu erklären versucht. Deutsch oder Englisch sind in solchen Fällen untaugliche Behelfe.
Über die französische Küche viele Worte zu verlieren, hieße Melonen nach Cavaillon oder Fässer mit Rotwein zu den Ufern der Loire schleppen. Der Frankreich-Kenner weiß in etwa, was ihn erwartet. Was nicht ausschließt, dass es gelegentlich Ent-

täuschungen geben kann. Auch einem französischen Küchenchef muss man zubilligen, dass er einmal einen schlechten Tag hat, und einen nach Korken schmeckenden Pauillac soll es ebenfalls schon gegeben haben. Sicher schließen Sie von einer unglücklichen Panne nicht auf den Qualitätsstandard des ganzen Hauses.

Auch den Namen des einen oder anderen regionaltypischen Weins zu kennen und sich zu merken, ist kein Fehler. Nur wer braune amerikanische Limonade bevorzugt, kann sich das immer wieder faszinierende Studium der Weinkarte und die damit verbundene Entdeckungsreise durch einen der schönsten Bereiche französischer Lebensart sparen.

Alle Preisangaben sind circa-Angaben vom Stand Herbst 2001. Übernachtungspreise gelten pro Person und variieren manchmal mit der Saison, wobei das Zimmer meist genau soviel kostet, wenn es von zwei Personen belegt wird. Auch macht es meist einen Unterschied, ob im Haus zu Abend gegessen wird oder wie viele Gäste gemeinsam buchen. Für die Beherbergung von Kindern unter zwölf Jahren – in Begleitung und im Zimmer ihrer Eltern – wird in vielen Häusern nichts berechnet. Das Frühstück ist im Zimmerpreis übrigens so gut wie nie enthalten.

LÄNDLICH-EINFACH ODER LUXURIÖS?

Mit professioneller Perfektion geführte und bedürfnisgerecht eingerichtete Kettenhotels, deren Namen auch an Häusern außerhalb Frankreichs zu finden sind, gibt es – vor allem an der Peripherie großer Städte – in genügender Zahl. Oft benötigt man nicht einmal einen Reiseführer, um sie zu finden; ihre Leuchtreklamen signalisieren dem Touristen, wo ihn seine Einheitsbettstatt plus Nasszelle erwartet. Wer in drei oder vier dieser Schlafburgen übernachtet hat, kann sich ein Bild davon machen, wie die anderen neunundachtzig gleichen Namens von innen aussehen: nämlich genauso. Jene anheimelnden Herbergen traditionellen Stils und mit dem Ambiente der guten alten Zeit, die unter Quartiersuchenden – egal, ob für nur eine Nacht oder für die Dauer eines erholsamen Urlaubs – sozusagen als Geheimtipps gehandelt werden, findet man auf Anhieb nur selten.

Aber auch zahlreiche der privat geführten, manchmal sehr

kleinen, von Individualismus und ländlicher Atmosphäre geprägten Häuser, die nur fünf oder sechs Zimmer haben, sind in einem Verbund organisiert. Schilder an der Eingangstür weisen zum Beispiel darauf hin, ob das Haus als »Logis de France« eingetragen ist oder zu den »Relais & Châteaux« gehört. Mit dem Kaminsymbol als »Logis« gekennzeichnete Herbergen gehören meist den preiswerteren Kategorien an und sind in aller Regel recht gemütlich, während die »Relais & Châteaux« höheren Ansprüchen gerecht werden und auch entsprechend teurer sind. Dafür bieten sie dem, der unterwegs auf Stil, Komfort und Spitzengastronomie hohen Wert legt, das Beste vom Besten.

Eine ganz besondere Kategorie bilden die Häuser der (auch in Frankreich so bezeichneten) »Small Luxury Hotels of the World«. Einige dieser edlen Herbergen, von denen es 36 auf französischem Boden gibt, habe ich ebenfalls besucht, und ich muss zugeben, von ihrem Charme, ihrer Ausstrahlung und ihrem Service beeindruckt gewesen zu sein. Diese Hotels der Luxuskategorie befinden sich durchwegs in alten Patrizierhäusern, Stadtvillen, Burgen oder Schlössern, zeichnen sich durch ihre gastronomische Tradition aus und machen deutlich, was es heißt, »wie Gott in Frankreich« zu leben. Sie bilden ein angenehmes Kontrastprogramm zur lockeren Ursprünglichkeit, wie man sie bei den eher rustikalen Dorfgasthäusern findet. Die Mischung der Kategorien in diesem Führer ist also nicht zufällig, sondern bewusst angestrebt, um jedem Anspruch gerecht zu werden. Schließlich kann man sein Reiseglück sowohl in einer feudalen Suite mit Parkettboden, feinen Louis-XVI-Antiquitäten, Himmelbett und schweren Brokatvorhängen vor dem Terrassenportal finden, als auch im Dachkämmerchen einer ehemaligen Wassermühle mit knarzenden Dielen und einem Sprung im Glas des Fensters, durch das man auf den Schafstall blickt. Chacun à son gout, wie es so schön heißt.

Erleben Sie also das eine oder andere Stück Frankreich mit Hilfe dieses Führers à la carte, sammeln Sie schöne Erinnerungen und vielleicht auch kulinarische Anregungen für einen französischen Schlemmerabend mit lieben Gästen daheim.

Viel Vergnügen – et bon voyage!
Halwart Schrader

A VOTRE SERVICE: ÜBER DEN GEBRAUCH DIESES REISEFÜHRERS

Die Regionen Frankreichs, in 95 einzelne Départements unterteilt, sind ein hilfreiches Orientierungskriterium. Der Autor hat die Regionen in zehn Gebiete zusammengefasst; sie sind geografisch im Uhrzeigersinn und die beschriebenen Plätze innerhalb dieser Gebiete in etwa von Nord nach Süd geordnet. Die Eintragung in diesem Buch erfolgte jedoch nach dem Ortsalphabet.

Alle Départements tragen eine alphanumerische, zweistellige Ordnungsnummer; sie ist – mit Ausnahmen in der Region Paris – auch jeweils mit den ersten beiden Ziffern der Postleitzahl und mit den letzten des Autokennzeichens identisch. Ein Auffinden der in diesem Führer beschriebenen Häuser ist daher nicht schwer.

Der Regional-Index dieses Buches gibt die Départementsnummer an. Sie hilft Ihnen, in der entsprechenden Gegend schnell fündig zu werden, zumal die beigefügte Karte Sie bei Ihrer Suche unterstützt. Ein nach den Namen der Häuser angelegtes Verzeichnis wäre weniger sinnvoll. Noch ein Hinweis: Nicht in jedem der 95 Départements finden Sie eine Adresse, ebenso wenig im Département 20 – das ist die Insel Korsika. Konzedieren Sie dem Autor die Chance einer Auffüllung der Lücken in einer späteren Ausgabe. Ferner ist jeder Platz mit nur einem Haus vertreten. Mit einer Ausnahme – und die betrifft ebenfalls die Hauptstadt Paris.

Alle Angaben entsprechen dem Stand vom Sommer und Herbst 2001 und sind gewissenhaft recherchiert, gleichwohl können Autor oder Verlag keine Haftung für eventuelle Irrtümer, zwischenzeitlich erfolgte Änderungen oder Fehler übernehmen.

REGIONAL-INDEX

Die Départements und ihre Bezeichnungen

1. **Die Regionen Champagne und Ardennes**
   Départements 08 (Ardennes), 10 (Aube), 51 (Marne), 52 (Haute-Marne)
2. **Die Regionen Alsace (Elsass) und Lorraine (Lothringen)**
   Départements 54 (Meurthe-et-Moselle), 55 (Meuse), 57 (Moselle), 67 (Bas-Rhin), 68 (Haut-Rhin), 88 (Vosges)
3. **Die Regionen Bourgogne (Burgund) und Franche Comté**
   Départements 21 (Côte d'Or), 25 (Doubs), 39 (Jura), 58 (Nièvre), 70 (Haute-Saône), 71 (Saône-et-Loire), 89 (Yonne), 90 (Belfort)
4. **Die Region Rhône-Alpes**
   Départements 01 (Ain), 07 (Ardèche), 26 (Drôme), 38 (Isère), 42 (Loire), 69 (Rhône), 73 (Savoie), 74 (Haute-Savoie)
5. **Die Regionen Provence, Côte d'Azur, Languedoc-Roussillon**
   Départements 04 (Alpes de Haute-Provence), 05 (Hautes-Alpes), 06 (Alpes-Maritimes), 11 (Aude), 13 (Bouches-du-Rhône), 30 (Gard), 34 (Hérault), 48 (Lozère), 66 (Pyrénées-Orientales), 83 (Var), 84 (Vaucluse)
6. **Die Regionen Midi-Pyrénées und Aquitaine**
   Départements 09 (Ariège),12 (Aveyron), 24 (Dordogne), 31 (Haute-Garonne), 32 (Gers), 33 (Gironde), 40 (Landes), 46 (Lot), 47 (Lot-et-Garonne), 64 (Pyrénées-Atlantiques), 65 (Hautes-Pyrénées), 81 (Tarn), 82 (Tarn-et-Garonne)
7. **Die Regionen Poitou-Charente, Limousin und Auvergne**
   Départements 03 (Allier), 15 (Cantal), 16 (Charente), 17 (Charente-Maritime), 19 (Corrèze), 23 (Creuse), 43 (Haute-Loire), 63 (Puy-de-Dôme), 79 (Deux-Sèvres), 86 (Vienne), 87 (Haute-Vienne)

8. Die Region Pays-de-Loire
Départements 44 (Loire-Atlantique), 49 (Maine-et-Loire), 53 (Mayenne), 72 (Sarthe), 85 (Vendée)
9. Die Regionen Paris, Ile-de-France und Centre
Départements 18 (Cher), 28 (Eure-et-Loir), 36 (Indre), 37 (Indre-et-Loire), 41 (Loir-et-Cher), 45 (Loiret), 75 (Ville de Paris), 77 (Seine-et-Marne), 78 (Yvelines), 91 (Essonne), 92 (Hauts-de-Seine), 93 (Seine-St.-Denis), 94 (Val-de-Marne), 95 (Val d'Oise)
10. Die Regionen Bretagne, Normandie, Picardie und Pas-de-Calais
Départements 02 (Aisne), 14 (Calvados), 22 (Côtes-d'Armor), 27 (Eure), 29 (Finistère), 35 (Ille-et-Vilaine), 50 (Manche), 56 (Morbihan), 59 (Nord), 60 (Oise), 61 (Orne), 62 (Pas-de-Calais), 76 (Seine-Maritime), 80 (Somme)

DIE GAST-HÄUSER
UND
HISTORISCHEN HOTELS

LE CHOISEUL
36, QUAI CHARLES GUINOT,
F-37400 AMBOISE (INDRE-ET-LOIRE)
TEL. 0033 247 30 45 45
FAX 0033 247 30 46 10
E-mail: contact@le-choiseul.com
Internet: www.le-choiseul.com

2 **Anreise:** Autobahn A10 von Paris Richtung Tours, Ausfahrt Nr. 18 nach Amboise auf die D31, nach 20 km über die Loire-Brücke und danach links. Das Haus liegt an der Ortsausfahrt an der rechten Straßenseite.
Entfernung von Tours 30, Blois 41 km.
Kreditkarten: Euro/Master, Visa, DC, Amexco, JCB.
Zahl der Zimmer: 27 Zimmer, 5 Suiten.
Zimmerpreise: ab 102 Euro.
Parkmöglichkeiten auf dem Gelände des Hotels.
Warme Küche: 12:30 - 14:00 und 19:45 - 22:00 Uhr.
Plätze im Restaurant: 80.
Ruhetag: keiner.
Betriebsferien: Vom 15. Dezember bis einschließlich Februar.
Freizeit und Erholung: 8 Tennisplätze, Golf (30 km), Ausflüge zu den Schlössern und Weingütern an der Loire. Besichtigung der Altstadt von Amboise.
Geschäftsführer: Josette und Gérard Guerlais.

»Le Choiseul«, eine ehemalige Sommerresidenz französischer Adelsfamilien, bietet sich als idealer Ausgangspunkt für Erkundungsreisen zu den Schlössern und Museen an den Ufern der

Loire an. Die 27 Zimmer und fünf Suiten strahlen den Luxus
früherer Zeiten aus, als Etienne François, Herzog von Choiseul,
im frühen 18. Jahrhundert hier seine Feste und Empfänge gab,
und dazu hatte er genügend Anlässe: Er war Kriegs- und Fi-
nanzminister zugleich. Zwei angrenzende, heute ebenfalls zu
dem Hotelkomplex an der Straße von Tours nach Blois am süd-
lichen Loire-Ufer gelegenen Hotels gehörende Häuser sind die
des alten Eremiten (»l'Erémitage«) und das »Maison de 3
l'Apothicaire«: Hier mixte Jehan de Gastignon für die Könige
Charles VII und François II einst Salben und Arzneien, und für
die Damen des Hofes Parfums und andere betörende Zauber-
mittel zur immerwährenden Erhaltung ihrer Jugend. Angeneh-
me Düfte, die unsere Nase heute erreichen, kommen von den
Rosen, Blumen und Kräutern des italienischen Gartens, der zum
»Choiseul« gehört und bis an die steilen Felsen hinter dem An-
wesen reicht; dort gibt es auch einen Swimmingpool.

Mit besonderer Freundlichkeit und Zuvorkommenheit wird der
Gast empfangen, beherbergt und versorgt. Das wissen Stamm-
gäste zu schätzen, die seit vielen Jahren das »Le Choiseul« auf-
suchen, nicht zuletzt der ausgezeichneten Küche wegen. Josette
und Gérard Guerlais kümmern sich um das Wohlergehen ihrer
Gäste mit viel Aufmerksamkeit. »Le Choiseul« gehört zu den elf
Häusern der »Grandes Etapes Françaises«.

Interessant ist ein Ausflug in die Höhlen, die man einst in die
Sandsteinfelsen unmittelbar hinter dem Anwesen gehauen hat,
um dort die Ernte der Bauern von Amboise einzulagern. Schächte
und Tunnel verbinden die Gewölbe untereinander, und dass
eine dieser Caves heute die Weinvorräte des »Choiseul« birgt,
liegt auf der Hand. Annähernd 5000 Flaschen warten hier auf
den Tag ihrer Entkorkung.

HÔTEL À L'ARBRE VERT
7, RUE DES CIGOGNES, F-68770
AMMERSCHWIHR (HAUT-RHIN)
TEL. 0033 389 47 12 23
FAX 0033 389 78 27 21
Internet: www.alsanet.com/arbre-vert

4 **Anreise:** Die Autobahn Strasbourg-Colmar an der Ausfahrt Nr. 23 Richtung Colmar/Munster verlassen (N83), kurz vor Colmar Kreisverkehrsausfahrt Epinal/Belfort, der N83 folgen bis zur N415 Richtung St. Dié. Nach 5 km in Ammerschwihr die erste Straße links zum Centre Ville, dort ist das Hotel das zweite Haus rechts.
Entfernung von Colmar 9 km, Strasbourg 65 km.
Kreditkarten: Euro/Master, DC, Visa, Amexco.
Zahl der Zimmer: 16.
Zimmerpreise: 35 bis 56 Euro, HP 44 bis 58 Euro.
Parkmöglichkeiten vor dem Haus.
Warme Küche: 12:00 - 14:00 und 19:00 - 21:00 Uhr.
Plätze im Restaurant: 20 und 48 in zwei Restaurants.
Ruhetag: Montag und Dienstag.
Betriebsferien: Das Haus hat ganzjährig geöffnet.
Freizeit und Erholung: Golfplatz (18 Löcher) Trois-Epis in unmittelbarer Nähe, Besichtigung der Städte Colmar und Kaysersberg, Weinproben auf den lokalen Domänen.
Besitzer: Familie Gebel-Tournier.

Das im Zentrum der kleinen Elsass-Ortschaft Ammerschwihr gelegene Hotel »Zum grünen Baum« ist ein regionaltypischer Gasthof der Gegend um Kaysersberg-Riquewihr-Tuerckheim am Fuße des Kaefferkopf, an dessen Hängen die Reben für einen

süffigen Weißwein gedeihen. Das Haus an der berühmten Route de Vin stammt aus dem Jahre 1840 und war einst eine Küferei; ein Hotel ist es seit 1958. Es strahlt die Atmosphäre eines gepflegten Familienbetriebes aus; die kleinere der beiden Gaststuben vermittelt den Eindruck, dass es sich Reisende und Bürger von Ammerschwihr hier schon damals gut gehen ließen. Elsässische Gemütlichkeit und rustikaler Kitsch ergeben eine Mischung, die nach einigen Gläsern Gewuerztraminer richtig 5
heimelig wirkt. Die große Gaststube überlassen wir leichten Herzens den Omnibusgästen.

Die Zimmer sind von schlichter Zweckmäßigkeit und wie die dazugehörigen Bäder sehr gepflegt. Der Reiz des Hauses liegt in seiner Gastronomie, wie eine Eintragung im Gault-Millau bestätigt. Auch die Fotos diverser Generationen von honorierten Köchen in der Rezeption und im Restaurant machen deutlich, dass dieses Haus eine lange »Küchentradition« haben muss. Leider lässt sich das nicht bei jedem Gericht nachvollziehen. Menüs von 19 bis 41 Euro stehen zur Wahl, wobei es einem leicht fällt, sich für das mit dem Hähnchen im Rieslingsud oder für jenes mit der Gänsebrust mit Lebkuchensoße zu entscheiden, wenn man weiß, dass die Sauerkrautplatten mit denen aus den Nachbardörfern leider nicht mithalten können. Den Anfang sollte eine Foie gras in Kirschengeleé bilden, den Ausklang ein Schokoladen-Birnen-Fondant mit Vanilleeis. Für ordentliche Nachverbrennung empfiehlt sich ein Marc de Gewuerztraminer.

Auf der Carte des Vins des »l'Arbre Vert« fehlt natürlich keiner der klassischen Elsassweine vom Sylvaner bis zum Muscat, vom Pinot Noir bis zum Tokay Pinot Gris. Empfehlungen lassen sich kaum geben, weil sie alle von besten Lagen stammen.

LE RELAIS DU LYON D'OR
ROUTE DE VIC, F-86260 ANGLES-SUR-L'ANGLIN (VIENNE)
TEL. 0033 549 48 32 53
FAX 0033 549 84 02 28
E-mail: thoreau@lyondor.com
Internet: www.lyondor.com

6 **Anreise:** Von Tours nach Poitiers auf der N10 in Châtellerault auf die D14 in Richtung Pleumartin und Vic-sur-Gartempe abbiegen, von dort auf der D5 etwa 5 km nach Süden. Von Südwesten führt die D2 in die Stadt.
Entfernung von Poitiers 49 km, Tours 100 km.
Kreditkarten: Euro/Master, Visa, DC, Amexco.
Zahl der Zimmer: 8.
Zimmerpreise: 24 bis 30 Euro.
Parkmöglichkeiten im Hof und auf der Straße.
Warme Küche: 19:30 - 21:30 Uhr.
Plätze im Restaurant: 30.
Ruhetag: keiner.
Betriebsferien: In den Monaten Januar und Februar.
Freizeit und Erholung: Besichtigung der Stadt, Besuch des berühmten Rosengartens (Jardin des rosières) in Le Puy und des Automobilmuseums in Châtellerault.
Besitzer: Guillaume Thoreau.

Als sich die Löwen in Frankreich noch mit Ypsilon schrieben, richtete ein geschäftstüchtiger Wirt im Herzen der mittelalterlichen Stadt Angles-sur-l'Anglin gleich hinter der Kirche einen Gasthof ein, den er »Relais du Lyon d'Or« nannte. Das war im

Jahre 1652 – die alte Festung, deren Überreste auch heute noch ein fasznierendes Bauwerk darstellen (und das zu explorieren Sie sich etwas Zeit nehmen sollten) war damals bereits 300 Jahre alt. Teile des Ortskerns stammen sogar aus dem 8. Jahrhundert. In den engen Gassen der Ober- und der Unterstadt gibt es Boutiquen, interessante Auslagen von Kunsthandwerkern sowie einige Antiquitätenhändler zu entdecken, und wenn Sie nicht nur alte Möbel, sondern gleich ein komplettes Haus aus dem 17. Jahrhundert erwerben möchten: hier finden Sie es.

Der »Lyon d'Or« gehört heute Guillaume Thoreau, der als ehemaliger Banker genau weiß, wie man sein Geld gut investiert. Aus der alten Herberge hat der »Mann mit dem gewinnenden Lächeln« (so bezeichnete ihn ein prominenter Stammgast) ein Schmuckstück gemacht, über das in der französischen Fachpresse wiederholt und mit Begeisterung berichtet wurde. Jedes der acht Zimmer ist mit schönen Einzelstücken in einem anderen Stil eingerichtet.

Dass auch die Küche des »Goldenen Löwen« von hoher Qualität ist, haben die kritischen Tester vom Gault Millau und andere mehrfach bestätigt. Ob man 17, 21 oder 29 Euro fürs Menü ausgibt, ist eine Sache der persönlichen Aufnahmefähigkeit; in jedem Fall empfehlen sich Ausflüge zu den Plats de resistance oder den Jambonettes de volaille farci aux herbes ... etwas Platz im Magen für eines der köstlichen Desserts sollte verbleiben.

Am Sonntagmorgen gegen neun Uhr, wenn der Gemüsehändler seinen Stand auf dem winzigen Marktplatz der Oberstadt aufbaut und die meisten Touristen noch schlafen, hört man in der 1175 bis 1192 erbauten Eglise de Sainte-Croix zu Angles-sur-l'Anglin den Kirchenchor. Schließen Sie die Augen und fühlen Sie sich ein paar Jahrhunderte zurückversetzt ...

CHÂTEAU DE HAUTELANDE-RUFFIAC
RUFFIAC, F-47700 ANTAGNAC-CASTELJALOUX (LOT-ET-GARONNE)
TEL. 0033 553 93 18 63
FAX 0033 553 89 67 93

8

Anreise: Autobahn A62 Toulouse-Bordeaux Abfahrt Nr. 5 Richtung Le Clavier und Casteljaloux, weiter auf der D656 nach Antagnac, dort nach rechts auf die D626, dann weitere 300 m auf der D23 nach Ruffiac, kurz vor dem Dorf rechts abbiegen (nicht beschildert). Man kann auch in Le Clavier abbiegen und über Argenton fahren, doch der Umweg über Casteljaloux lohnt. Die Einfahrt zum Hotel liegt 80 m links hinter einer Kurve.
Entfernung von Casteljaloux 7 km, Bordeaux 78 km.
Kreditkarten: Euro/Master, Visa, DC, Amexco.
Zahl der Zimmer: 18 Zimmer und 3 Apartments.
Zimmerpreise: 50 bis 116 Euro.
Parkmöglichkeiten knapp ausreichend.
Warme Küche: 19:30 - 22:00 Uhr.
Plätze im Restaurant: 45.
Ruhetag: keiner.
Betriebsferien: Das Haus hat ganzjährig geöffnet.
Freizeit und Erholung: Reiten, Golf, Wandern, Besichtigung der Altstadt von Casteljaloux und von alten Bauernhöfen.
Besitzer: Michel Pierre Goacolou.

Ruffiac ist kaum als ein Dorf zu bezeichnen; es besteht aus einer Handvoll alter Bauernhäuser, einer kleinen Kirche und einem im frühen 18. Jahrhundert erbauten Château, das nur kurze Zeit bewohnt wurde und dann mehr als hundert Jahre

leer stand, ehe es von dem rührigen Gastronomen Michel Pierre Goacolou (dem auch das bekannte Gourmet-Restaurant »Croix Blanche de Sologne« in Chaumont s/Tharonne gehört) vor wenigen Jahren erworben, vor dem drohenden Verfall bewahrt und in ein Hotel verwandelt wurde. In die Erhaltung und Auffrischung der historischen Substanz hat er viel Geld und Liebe investiert – und es hat sich gelohnt. Das Schloss liegt landschaftlich sehr schön und ist ein idealer Ausgangspunkt für Touren zu den umliegenden Kleinstädten wie Marmande und Antagnac. Es ist nicht zu vergleichen mit den großartigen Schlössern an der Loire oder im Burgund; das »Château de Hautelande« ist eher ein bescheidener Landsitz, aber mit dem ganzen Charme des ländlichen Barock, der in Frankreich so viele Spuren hinterlassen hat.

Das Restaurant des so schön abseits und daher sehr ruhig gelegenen Hauses hat nur abends geöffnet, weil sich tagsüber niemand hierher verirrt. Die Menüpreise bewegen sich zwischen 25 und 42 Euro. A la carte kommt man pro Person auf etwa 33 Euro. Die Küche ist regionaltypisch orientiert und bietet unter anderem eine variantenreiche Wahl an frischem Gemüse und diversem Geflügel. Zu den Spezialitäten des Hauses gehören im Herbst selbstverständlich Wild, denn hier wird viel gejagt, ferner feine Pilzgerichte und im Winter Trüffel. An guten Weinen aus südwestfranzösischen Anbaugebieten herrscht kein Mangel, wenngleich die Auswahl nicht überwältigend ist.

Herbergen dieser Art aufzusuchen ist ein besonderes Vergnügen, weil es hier etwas gibt, wonach man in den meisten Châteaux vergeblich sucht, zum Beispiel die Atmosphäre privater Zurückgezogenheit, bei aller Noblesse ein Stück Normalität ohne touristisch orientierte Verbrämung.

HÔTEL DES MESSAGERIES
2, RUE DE COURCELLES
F-39600 ARBOIS (JURA)
TEL. 0033 384 66 15 45
FAX 0033 384 37 41 09
E-mail: hotel-lesmessageries@wanadoo.fr

10 **Anreise:** Von der N83 Lons-Bésançon in Arbois abfahren, den Schildern Centre Ville folgen. Die Zufahrt zum Hotel ist ausgeschildert.
Entfernung von Bésançon 40 km, Pontarlier 60 km.
Kreditkarten: Euro/Master, Visa, Amexco, DC.
Zahl der Zimmer: 26
Zimmerpreise: 26 bis 50 Euro.
Parkmöglichkeiten auf dem Platz an der Rue des Fossés.
Warme Küche: Das Haus verfügt über kein Restaurant.
Ruhetag: keiner.
Betriebsferien: In den Monaten Dezember und Januar.
Freizeit und Erholung: Weinmuseum, Besichtigung von Weingütern, Höhlenexkursionen, Wandern.
Besitzer: Mr. und Mme. Ricoux.

In der mittelalterlichen Stadt Arbois finden Sie viele Weinstuben (Caves Dégustation), aber kaum Hotels, die dem Gast eine stilvolle Übernachtungsmöglichkeit offerieren. Zu den wenigen Häusern aus alter Zeit gehört das »Hôtel de Messageries«, erbaut 1865 an der Kreuzung zweier großer Durchgangsstraßen (auf denen es heute allerdings still geworden ist, weil de Route Nationale 83 inzwischen um die Stadt herum führt). In der ehemaligen Post- und Warenumschlagstation von Arbois

an der Rue des Fossés stiegen vor allem die Weinhändler aus Paris ab, wenn sie auf Einkaufstour waren; die Zahl der Weingüter dieser Region war damals so groß wie heute, und ihre Erzeugnisse sind den Kennern nicht nur in Frankreich geläufig. In der Bar des Hotels können Sie einige regionale Weine kennen lernen, wie den feinen Grillard oder Macvin de Jura. Ansonsten empfiehlt sich ein Bummel die Grande Rue hinauf, wo Sie Vertreter der Domänen Henri Maire (Vin Fou), de la Pinte, Rolet, Frédéric Lornet oder Jacques Tissot finden – elegante Geschäfte mit verlockenden Auslagen.

Das Hotel wird dem Anspruch, eine historische Herberge zu sein, durchaus gerecht. Es ist über viele Generationen im Familienbesitz; stolz verweist Madame Ricoux auf alte Fotos an den Wänden, die das Haus in früheren Epochen und ihre damaligen Besitzer zeigen.

Die 26 komfortablen, geräumigen und superb eingerichteten Zimmer trösten darüber hinweg, dass man sich zum Essen außer Haus begeben muss. Achten Sie auf Angebote wie Tripes à l'Arbois oder Girolles a la crème; einige Besonderheiten der Region führt sogar die kleine (wenn auch etwas nüchtern eingerichtete) Gaststätte »Au Petit Jurassien« gegenüber vom Hotel. Den Apéritif oder Digestif genießen Sie vielleicht wieder im »Messageries« – wenn das Wetter es erlaubt, am besten auf der Terrasse unter den alten Linden der Rue des Fossés.

LE LOGIS DU GUETTEUR
PLACE DU CHÂTEAU,
F-83460 LES-ARCS-SUR-ARGENS (VAR)
TEL. 0033 494 99 51 10
FAX 0033 494 99 51 29
E-Mail: le.logis.du.guetteur@wanadoo.fr

12 **Anreise:** Von Draguignan auf der N555 nach Süden, vor der Stadteinfahrt rechts die D57 den Berg hinauf, 300 m bis zur dritten Zufahrt hinter dem Friedhof, gekennzeichnet mit Ville medieval. Auch von der Unterstadt Les Arcs aus gut ausgeschildert, doch wegen der sehr schmalen Straßen empfiehlt sich die Anfahrt von oben.

Entfernung von Draguignan 12 km, Aix-en-Provence 95 km.

Kreditkarten: Euro/Master, Visa, DC, Amexco.

Zahl der Zimmer: 8 Zimmer, zwei Suiten und ein Apartment.

Zimmerpreise: 84 bis 92 Euro.

Parkmöglichkeiten knapp, daher Benutzung des Parkplatzes am Friedhof (80 m) empfehlenswert.

Warme Küche: 12:15 - 14:00 und 19:30 - 23:00 Uhr.

Plätze in zwei Restaurants: 14 und 48, weitere 42 und 30 Plätze auf zwei Terrassen.

Ruhetag: keiner.

Betriebsferien: 15. Januar bis 1. März.

Freizeit und Erholung: Kanufahrten auf der Argens, Angeln, Tennis, Reiten, Wandern, Ausflüge in die Umgebung; es sind 35 Autominuten bis zum Meer.

Besitzer: Max Callegari.

Auf dem höchsten Punkt der kleinen Stadt Les-Arcs-sur-Argens thront eine Burg aus dem 12. Jahrhundert. Sie gehörte einst zum Besitz Ildefonse II, dem Comte et Marquis de Provence, später den Grafen von Béranger, dann Heinrich III von England, danach dem Herzog von Cornouailles und schließlich Charles d'Anjou. Die vielen Eroberungskämpfe hinterließen ihre Spuren; nach der letzten Zerstörung um 1610 fiel die Burg mehr als 300 Jahre dem Verfall anheim, ehe man in den Kellerräumen der Ruine Champignons zu züchten begann, ein einträgliches Geschäft für die Dorfbewohner von Les Arcs, die mit ihren Ernten die besten Restaurants in Paris versorgten. Und erst 1970 sicherte die Initiative der Familie Callegari das historische Anwesen vor weiterem Verfall. Der Festungsbau wurde weitgehend aufgebaut und in ein romantisches Hotel verwandelt.

Das »Logis du Guetteur« (der guetteur ist ein Burgwächter) besticht nicht nur durch seine einmalig schöne Lage oberhalb eines mittelalterlichen Bergstädtchens, sondern auch durch die Individualität, mit der die Räumlichkeiten restauriert und ausgestattet wurden. Weitgehend verwendete man dabei historisch authentische Materialen. Aus den Zimmern – eines ausgenommen – genießt man einen einzigartigen Ausblick auf die Ausläufer jenes Gebirgszuges, der sich Massif des Maures nennt.

Den Patron darf man als einen sehr kreativen Cusinier bezeichnen – seine Heures de courgette à la ricotte et aux herbes en beignet oder die Ravioli cepes sechés sind exzellent. Schon das Studium der Speisekarte (Menüs von 30 bis 80 Euro) und erst recht der umfangreichen Weinkarte machen einem den Mund wässrig. Die hervorragenden Weine kommen unter anderem von der bekannten Domaine de Beaumet.

AUBERGE LE MONASTÈRE
F-62770 AUCHY-LES-HESDIN
(PAS-DE-CALAIS)
TEL. 0033 321 04 83 54
FAX 0033 321 41 39 17

Anreise: Von Hesdin Richtung Béthune auf die D123 abbie-
14 gen; an deren Ende rechts und gleich wieder links (D108) zum
Centre. Über das Bahngleis, über den Fluss, an der Kirche vorbei: Die Auberge liegt rechts dahinter.

Entfernung von Le Touquet 45 km, Amiens 70 km.

Kreditkarten: Euro/Master, Visa, DC.

Zahl der Zimmer: 9.

Zimmerpreise: 34 bis 54 Euro.

Parkmöglichkeiten: Wenige Plätze auf privatem Grund, sonst auf der Straße.

Warme Küche: 19:00 - 22:00 Uhr.

Plätze im Restaurant: im Restaurant bis zu 70, schattiger Garten mit weiteren 20 Plätzen.

Ruhetag: keiner.

Betriebsferien: Im Januar.

Freizeit und Erholung: Ausflüge in die sehr schöne Umgebung, Ritterspiele im Sommer in Azaincourt (historisches Schlachtfeld 16. Jahrhundert).

Besitzer: Jean-Robert und Annick Marecaux.

Als Jean-Robert Marecaux vor vierzig Jahren das Café-Tabac seiner Großmutter übernahm, gab es nur zwei Möglichkeiten: den unrentabel gewordenen Eckladen zu schließen oder ihn zu einem kleinen Hotel mit spezieller Gastronomie umzuwandeln.

Monsieur Marecaux entschied sich für die zweite Alternative, erwarb das Nebengebäude dazu, und so wurde aus dem Café die »Auberge Le Monastère«. Dort, wo früher die Arbeiter aus der nahegelegenen, längst stillgelegten Fabrik (als Industrieruine aus der Gründerzeit einen Rundgang wert) nach Feierabend ihr Glas Rotwein zu sich nahmen, können das deren Söhne und Enkel noch immer tun, denn die Auberge ist nach wie vor zugleich eine Dorfkneipe nach bester französischer Tradition, und eine originelle dazu.

Die ehemalige Textilfabrik von Auchy-les-Hesdin mit ihrem eigenen Wasserkraftwerk wurde auf dem Gelände eines Klosters aus dem 12. Jahrhundert errichtet, das im Laufe der Zeit Plünderungen und Zerstörungen anheim fiel, so dass man heute nur mehr die Trümmer hinter der Fabrikmauer besichtigen kann. Verschont von Zerstörungen, aber auch vom Bauboom der 1890er Jahre blieb einzig die große Klosterkirche, gewidmet den Maréchaux de France unter Le Gallois de Fogières, Gründer der Gendarmerie Française im 16. Jahrhundert.

Dies und mehr über den kleinen Ort Auchy-les-Hesdin an der Ternoise, seine Geschichte und die Häuser mit den zweifarbig gedeckten Dächern erzählt Ihnen Jean-Robert Marecaux sogar auf Deutsch, wenn er nicht in der Küche zu tun hat. Er und seine Frau Annick haben sich mit ihren Spezialitäten (Menüs von 17 bis 33 Euro) einen Namen bei Gourmets der näheren und weiteren Umgebung gemacht, die vor allem wegen des Mignon de porc au poivre oder der leckeren Entenbrust hierher kommen. Von umfangreichen Weinkarten hält der Patron nicht viel: Er führt fünf, sechs gute Sorten, die hervorragend zu seinen Gerichten passen und mit seinem Pavillon de Belloy blamiert er sich wirklich nicht.

HOSTELLERIE DU MOULIN DES RUATS
VALLÉE DU COUSIN,
F-89200 AVALLON (YONNE)
TEL. 0033 386 34 97 00
FAX 0033 386 31 65 47
E-mail: hostellerie.dumoulin.desruats@wanadoo.fr
Internet: www.moulin-des-ruats.com

16 **Anreise:** Auf halbem Wege zwischen Beaune und Auxerre (Autoroute de Soleil) liegt die Abfahrt nach Avallon. Von Süden kommend, führt noch vor dem Ortseingang die D427 nach links, ausgeschildert Vallée de Cousin. Die Steinbrücke unterqueren, der Straße etwa 3 km folgen.

Entfernung von Avallon 4 km, Auxerre 59 km, Beaune 95 km.

Kreditkarten: Euro/Master, Visa, DC, Amexco.

Zahl der Zimmer: 25.

Zimmerpreise: 61 bis 130 Euro. Spezielle Arrangements für längere Aufenthalte.

Parkmöglichkeiten auf dem Grundstück.

Warme Küche: 19:00 - 21:30 Uhr (sonntags auch 12:00 - 14:00 Uhr).

Plätze im Restaurant: 68, im Garten 90.

Ruhetag: Das Restaurant hat am Montag und Dienstagmittag geschlossen.

Betriebsferien: 15. November bis 15. Februar.

Freizeit und Erholung: Viele Ausflugsmöglichkeiten ins Burgund, Besichtigung der Altstadt von Avallon, der Kathedrale von Vézelay und der Grotten von Arcy; Radfahren, Wandern.

Besitzer: Jean-Pierre und Jocelyne Rossi.

Um 1900 hat die erste der vier Mühlen im Tal des Flusses Cousin zwischen Avallon und Pontaubert den Dienst quittieren müssen – es war die größte, genannt le Moulin des Ruats, in deren Getreidespeicher sich heute 25 Gästezimmer befinden. 17 Jahre vergingen, ehe ein gewisser Monsieur Pierre der Witwe Houdin die alte Mühle an diesem recht abgelegenen Flusslauf abkaufte und sie zu einem Hotel ausbaute. Das erforderte Mut, der sich anfangs nicht einmal bezahlt machte. Mehrfach wechselte das Anwesen seine Besitzer. Doch als sich 1952 die exquisite Kette der »Relais & Châteaux« an der Strecke von Paris nach Nizza (man nannte sie la Route de Bonheur) etablierte, gehörte die Moulin des Ruats zu den ersten acht Stationen. Der seinerzeitige Chefkoch François Bertier muss die inkognito reisenden Tester sehr beeindruckt haben. Nur ein paar Sonntagsausflügler aus Paris hatten bis dahin das Haus mit seinem Restaurant in dem romantischen Tal besucht.

Die alte Müllerei dokumentiert sich heute in den Nebengebäuden des Anwesens, wo auch das mächtige Widerlager der Mühlradachse ruht. Hotel und Restaurant haben den Stil der zwanziger Jahre beibehalten, wobei man zum Mühlbach hin einen Anbau geschaffen hat, der mehr Sonnenlicht hereinlässt. Der herzliche Empfang, den der Gast durch den heutigen Besitzer Jean-Pierre Rossi – als Koch ebenso leidenschaftlich bei der Sache wie als Heger und Pfleger seines klassischen 1953er Citroën – und seine Ehefrau Jocelyne erfährt, stimmt auf die gute Laune ein, die das Haus mit seinem üppigen Blumenschmuck ausstrahlt. Jeder Tag, den Jean-Pierre Rossi am Herd steht, ist für seine Gäste ein guter Tag: Die exzellente Küche und die Weine des Burgund lassen den Gast vergessen, dass die Welt nicht überall so schön und heil ist wie hier.

MOULIN DU LANDION
DOLANCOURT,
18 **F-10200 BAR-SUR-AUBE (AUBE)**
TEL. 0033 325 27 92 17
FAX 0033 325 27 94 44

Anreise: Man findet Dolancourt an der N19 von Troyes nach Bar-sur-Aube und Chaumont. Die Zufahrt zum Haus ist gut ausgeschildert.

Entfernung von Chaumont 50 km, Troyes 57 km.

Kreditkarten: Euro/Master, Visa, DC, Amexco.

Zahl der Zimmer: 16.

Zimmerpreise: 60 bis 72 Euro, HP (ab 3 Tage) 65 bis 85 Euro.

Parkmöglichkeiten auf eigenem Platz vor dem Haus.

Warme Küche: 12:30 - 14:00 und 19:30 - 21:30 Uhr.

Plätze im Restaurant: 48.

Ruhetag: keiner.

Betriebsferien: Von Mitte November bis Mitte Februar.

Freizeit und Erholung: In der Nähe gibt es eine Reithalle und Tennisplätze. Besichtigung der Champagnerkellereien. Großer Vergnügungspark für Kinder, Ausflüge zum Naturschutzgebiet l'Orient mit seinen Seen.

Besitzer: Paul Bajolle.

Eine ehemalige Wassermühle, romantisch und abseits der Durchgangsstraße gelegen – welch ein erholsames Plätzchen für ein ruhiges Wochenende. Durch die 1972 erfolgte Renovierung der Mühle ist heute zumindest von außen zwar nicht mehr erkennbar, dass es sich um einen Bau aus dem 19. Jahrhundert handelt, doch vom Restaurant aus hat man einen schönen Blick auf den Mühlbach, auf die alten Regulierungsmechanismen und auf das große Schaufelrad. Es hat einen Durchmesser von 5,60 m und dreht sich langsam um seine stählerne Achse. Die »Moulin du Landion« war bis 1945 in Funktion und hat nicht nur Getreide gemahlen, sondern auch Steine zerkleinert, die man für den Straßenbau brauchte. Ihre letzten Arbeitsjahre verbrachte sie unter deutschem »Kommando«, als die Besatzer Mehl für ihr Brot benötigten. Nach dem Kriege nahmen die Industriemühlen im Pariser Raum den Müllern dieser Region die Verdienstmöglichkeiten.

Seit dem Umbau zu einem Hotel mit Restaurant hat der Platz an Attraktion gewonnen – vor allem im Sommer und Herbst, wenn die Gäste die umliegenden Weingüter und das große Naturschutzgebiet des »Orient« besuchen. Die gute Küche unter der Leitung des Patron Paul Bajolle bietet als regionale Spezialitäten Fleischpasteten, Forellenfilets und ein herrliches Gratin de poire au sabayon de Champagne an. Weitere Besonderheiten sind die Poëllée de rognons de veau und die Noix d'entrecôte grillée mit würzigem Kartoffelmus. Klassische Entrées stellen Gänseleberpasteten in jeder Form und Variante dar, und ein Klassiker ist auch die Crème brulée zum Nachtisch. Die Küche des Hauses wurde mehrfach ausgezeichnet, und wenn es für die Freundlichkeit des Service Extrasterne gäbe, hätten sie die aufmerksamen Kellnerinnen des Restaurants gewiss verdient.

LE LION D'OR
71, RUE ST.-JEAN,
F-14400 BAYEUX (CALVADOS)
TEL. 0033 231 92 06 90
FAX 0033 231 22 15 64
E-mail: lion.d-or.bayeux@wanadoo.fr

20 **Anreise:** Bayeux liegt an der N13 Paris-Caen-Cherbourg. In Bayeux nicht durch die Innenstadt (die Rue St. Jean ist eine Fußgängerzone), sondern links auf den Parkplatz gegenüber der Teppichhandlung. Anfahrt zum Hotel ist gestattet.
Entfernung von Caen 29 km, Cherbourg 24 km.
Kreditkarten: Euro/Master, Visa, Amexco, DC.
Zahl der Zimmer: 25.
Zimmerpreise: 69 bis 96 Euro.
Parkmöglichkeiten im Innenhof des Anwesens (Platz für 12 Fahrzeuge).
Warme Küche: 12:30 - 13:30 und 19:30 - 21:30 Uhr.
Plätze im Restaurant: 60 bis 90.
Ruhetag: keiner.
Betriebsferien: 20. Dezember bis 20. Januar.
Freizeit und Erholung: Golf (8 km), Reiten, Besichtigung der Altstadt von Bayeux mit seiner Kathedrale, dem Kloster Juaye-Mondaye und vielen Museen; Omaha Beach.
Besitzerin: Mme. Danielle Jouvin-Bessière.

Ganz im Gegensatz zu Städten wie Cherbourg, St. Lô oder Caen ist Bayeux während der Kriegsjahre von Zerstörungen weitgehend verschont geblieben. Die Altstadt hat sich ihren historischen Charakter bewahren können, und so auch die ehemali-

ge Poststation »Lion d'Or« in der Rue St.-Jean, die einst Teil der Route No. 1 von Paris zur Hafenstadt Cherbourg war (heute ist es die Route Nationale 13, die aber um die Stadt herum führt). Bis zu 50 Postkutschen machten hier täglich Station, in den Stallungen konnten 200 Pferde untergebracht werden.

Die florierende Herberge für Reisende aller Stände wurde 1928 vom Gastronomen Gustave Bessière erworben und nach damaligem Standard modernisiert. Ende 1935 beginnt die »neue« Geschichte des »Lion d'Or«.

Persönlichkeiten der Militärgeschichte des Zweiten Weltkrieges wie Dwight D. Eisenhower und französische Generäle nahmen 1944/45 im »Lion d'Or« Quartier; das Haus entwickelte sich damals zu einem Zentrum für politische Konferenzen über die Zukunft Frankreichs.

Das in den 1980er Jahren gänzlich renovierte Hotel mit seinem geschützten Innnenhof, in den der Tageslärm der geschäftigen Stadt nicht einzudringen vermag, vermittelt zwar durch viele erhalten gebliebene Details einiges von der alten Zeit, wartet aber mit allem Komfort auf, den der verwöhnte Gast in einem modernen Haus erwartet. Ernest Hemingway, Edith Piaf, Jean Gabin (der eigentlich Jean Gabin Alexis Moncorgé hieß), Fernandel, John Wayne und Spencer Tracy haben sich ins Goldene Buch des Hauses eingetragen, die Schätze des Weinkellers entdeckt und sich von der Qualität einer Küche verwöhnen lassen, die auch heute noch zum Eindrucksvollsten gehört, was Bayeux gastronomisch zu bieten hat. Plaisir de la table heißt die einfache Formel, mit der das Menü (Preise von 17 bis 37 Euro) auch weit gereiste Feinschmecker überrascht. Sich der kulinarischen Fürsorge von Mme. Danielle Jouvin-Bessière anzuvertrauen, wird auch Sie nicht enttäuschen.

HOSTELLERIE BLANCHE DE CASTILLE
17, RUE D'ORLÉANS,
F-89220 BLÉNEAU (YONNE)
TEL. 0033 386 74 92 63
FAX 0033 386 74 94 43
E-mail: daniel.gaspard@free.fr
Internet: http://daniel.gaspard.free.fr/gaspard.htm

22 **Anreise:** Zwischen Cosne-Cours-sur-Loire und Montargis liegt Bléneau an der parallel zur Autobahn A77 verlaufenden D90. In Richtung Centre Ville befindet sich die Hostellerie an der Hauptstraße rechts.
Entfernung von Montargis 45 km, Auxerre 59 km.
Kreditkarten: Euro/Master, Visa, DC, Amexco.
Zahl der Zimmer: 13.
Zimmerpreise: HP 54 bis 60 Euro pro Person.
Parkmöglichkeiten im Hof.
Warme Küche: 12:30 - 14:00 und 19:30 - 21:00 Uhr.
Plätze im Restaurant: 28.
Ruhetag: Das Restaurant hat Sonntagabend geschlossen.
Betriebsferien: Im Januar.
Freizeit und Erholung: Jagd, Angeln, zahlreiche Museen, Ausflüge in die reizvolle Umgebung.
Besitzer: Daniel und Maryse Gaspard.

Auch bei der »Hostellerie Blanche de Castille« handelt es sich um eine ehemalige Poststation, erkennbar an der großen Hofeinfahrt und den Stallungen für die Kutschpferde. Hier übernachtete man und wechselte die Pferde, wenn man von Nevers nach Paris unterwegs war, wofür man vor 200 Jahren drei volle

Tage benötigte. Das Haus am Fluss Loing im Westen des Départements Yonne erhielt seinen Namen nach der hoch angesehenen Bianca von Kastilien, der Gemahlin König Ludwig VIII (1188-1252), die später selbst Regentin wurde. Aufs Land nach Bléneau pflegte sie sich zurückzuziehen, wenn sie Erholung suchte, und dort lebte sie bei Verwandten der Linie Courtenay. Deren Nachfahren wurden später Posthalter in Bléneau und benannten ihr Anwesen nach dem hohen Gast, der hier so oft verweilt hatte: Blanche de Castille (das war die französische Version ihres Namens).

Heute kann das 1989 bis 1991 gänzlich renovierte und von Daniel Gaspard und seiner Frau Maryse geführte Haus ebenfalls wieder zahlreiche prominente Gäste verzeichnen, aber sie kommen nicht zum Besuch königlicher Verwandten nach Bléneau, sondern wegen der Küche des Patron Daniel, der für seine Kunst in allen kulinarischen Disziplinen mehrfach ausgezeichnet wurde und seine Spezialitäten mit viel Phantasie zubereitet. Zu ihnen gehören zum Beispiel eine zarte Poularde de bresse, Têtes de cèpes et oeufs de caille und bei den Desserts ein leckeres Tartuillet aux cerises de l'Yonne. Die Karte ist nicht allzu umfangreich, auch die der Weine nicht, aber jedes Gericht stellt eine Besonderheit dar.

Der Juniorchef Anthony Fumey hat bereits (fast) die gleiche Berühmtheit wie der Maître: er wurde 1996 zum besten Koch Argentiniens gewählt, wo er in großen Häusern tätig war, ehe er nach Frankreich zurückkehrte.

RELAIS DU BOIS DU FOUR
F-12780 BOIS DU FOUR / ST. LÉONS
(AVEYRON)
TEL. 0033 565 61 86 17
FAX 0033 565 58 81 37

Anreise: Von Millau die D911 in nordwestlicher Richtung (Rodez) folgen; das Haus liegt an einer Straßenkrümmung.
Entfernung von Millau 19 km, Rodez 45 km, Montpellier 138 km, Toulouse 195 km.
Kreditkarten: Euro/Master, Visa, DC, Amexco.
Zahl der Zimmer: 27.
Zimmerpreise: 28 bis 49 Euro.
Parkmöglichkeiten hinter dem Haus.
Warme Küche: 19:30 - 21:30 Uhr.
Plätze im Restaurant: 50.
Ruhetag: Das Restaurant hat am Dienstagabend und am Mittwoch geschlossen.
Betriebsferien: 1. Dezember bis 1. April.
Freizeit und Erholung: Die Schluchten des Tarn, die Seen der Region Aveyron, das Insektenmuseum Micropolis in Saint-Léons.
Besitzerin: Mme. Galière Rodier.

Dieses vor mehr als 150 Jahren erbaute Haus, von anderen Gebäuden umrahmt, war zunächst eine zu einem Gutshof gehörende Poststation, an der Landstraße von Millau nach Cahors in 810 Meter Höhe an einem kleinen See gelegen. So ist Bois du Four auch kein Dorf, sondern der Name eines Ensembles

mehrerer ineinander verschachtelter Häuser, einst Wirtschaftsgebäude für die Landwirtschaft.
Den hier lebenden Bauern ging es nicht schlecht, ihre Häuser waren groß und ihr Bestand an Vieh ebenfalls. So weist auch das Interieur des Relais eine überraschende Großzügigkeit auf, wobei alte Holzdecken, antike Möbel und appetitliches Weiß-Rot im Restaurant für rustkales Ambiente sorgen. Später wurde das Haus natürlich »modernisiert«, und in einigen Details dokumentieren sich die 1950er Jahre heute sehr nachhaltig, so zum Beispiel in den Gästezimmern – aber auch das hat seinen Reiz.
Das Restaurant besuchen abends viele Gäste aus Millau. Zu den kulinarischen Besonderheiten, mit denen die Küche aufwarten kann, gehören Régafou foie de volaille et canard, ein saftiges Côte mouton grillée und ein raffiniertes Faux-filet au Roquefort. Aber sollte Ihnen der Sinn nach frischem Sauerkraut, einer Schinkenplatte oder einer herzhaften Suppe stehen, werden Ihnen solche Wünsche ebenfalls erfüllt. Eine gute Mischung regionaler Spezialitäten stellt das Menu gastronomique dar, begleitet von einer Flasche Marcillac von den südlichen Pyrenäen oder einem kräftigen Faugère aus dem Languedoc. Probieren Sie auch einmal den Côtes de Millau oder den sehr preisgünstigen Côtes du Tarn aus Cunac, den der Wirt auch glasweise ausschenkt.

HOSTELLERIE SAINT LOUIS
47, RUE DE L'EGLISE,
F-59470 BOLLEZEELE (NORD)
TEL. 0033 326 68 81 83
FAX 0033 326 68 01 17
E-mail: st.louis@worldonline.fr

26 **Anreise:** Das Hotel liegt an der Hauptstraße zur Innenstadt (D928), die von St. Omer nach Norden führt.
Entfernung von St. Omer 17 km, Dunkerque 30 km, Calais 33 km.
Kreditkarten: Euro/Master, Visa, Amexco, DC.
Zahl der Zimmer: 28.
Zimmerpreise: 49 bis 69 Euro.
Parkmöglichkeiten auf eigenem, großen Platz.
Warme Küche: 12:30 - 14:00 und 19:30 - 22:00 Uhr.
Plätze im Restaurant: Mehrere Räume, 60 Plätze.
Ruhetag: Das Restaurant hat am Montagmittag sowie am Samstag und am Sonntagabend geschlossen.
Betriebsferien: 26. Januar bis 12. Januar.
Freizeit und Erholung: Besichtigung der Mühle von Cassel, Ausflüge ans Meer.
Besitzer: Bea und Philippe Dubreucq-Bouwens.

Im Nordosten Frankreichs findet man nur wenige Häuser im Sinne dieses Reiseführers. Die Hostellerie St. Louis in Bollezeele gehört zu den Herbergen, die man suchen muss. Sie liegt an der D928, die sich durch die pittoresken Landschaften Flanderns windet, und in Bollezeele präsentiert sich das weiße Haus wie ein kleines Manoir mit Park und schattiger Auffahrt.

Gewiss, man sieht dem historischen Haus, das 1864 unter dem Dekret Napoleon III als öffentliches Hospiz eingeweiht wurde, nur noch an seiner schönen Fassade an, dass es fast anderthalb Jahrhunderte alt ist. Man hat hier zwar mit Stilgefühl und innenarchitektonischem Geschick, leider aber auch mit reichlich Kitsch und pflegeleichten Materialien unserer Zeit ein komfortables Hotel geschaffen, in dem vom Geist des »Heiligen« Ludwig nicht mehr viel zu spüren ist – der offiziell übrigens auch gar kein Heiliger war. Napoleon Joseph Louis Vandenkerkhove, geboren 1805, war ein wohlhabender Grundbesitzer und Viehzüchter, der – da unverheiratet und ohne Nachkommen – seinen ganzen Besitz der Stadt Bollezeele (1119 als Bulingesele erstmals urkundlich erwähnt) vermachte, auf dass sie dieses Hospiz baue. Die Familie Dubreucq-Bouwens bewirtschaftet das Haus seit vielen Jahren als Hotel, hat durch Anbauten die Zahl der Zimmer verdoppelt und heißt überwiegend Stammgäste aus England willkommen, die vor allem die abwechslungsreiche Küche des Hauses unter Philippe Dubreucq zu schätzen wissen. Jedes der Menüs zu 22, 28, 34 oder 38 Euro wartet mit kulinarischen Überraschungen auf, wobei Meeresfrüchte wie Coquilles St. Jacques à la nage ebenso vertreten sind wie köstliche Geflügelpasteten oder Rognons de veau à la Berrichonne. Hausgemachte Pâtisserien krönen jede Mahlzeit.

Auf den liebevoll gedeckten Tischen mit den Namen der Zimmer, für deren Gäste sie reserviert sind, verblüfft lediglich der selbst im Sommer artifizielle Blumenschmuck; dafür entschädigt ein aufmerksamer Service und die fröhlich-flandrische Atmosphäre, die zu verbreiten der Chefin nicht schwer fällt. Trotz der Plastikblumen und der deftigen Holzplastiken im Foyer behält man diese Hostellerie in guter Erinnerung.

HOSTELLERIE DU BOIS GUIBERT
HAMEAU DE GUIBERT,
F-28800 BONNEVAL (EURE-ET-LOIR)
TEL. 0033 237 47 22 33
FAX 0033 237 47 50 69

Anreise: Das Haus liegt unmittelbar an der N10 Vendôme - Chartres; die Zufahrt befindet sich gegenüber einer Tankstelle.
Entfernung von Châteaudun 15 km, Chartres 33 km, Vendôme 48 km.
Kreditkarten: Euro/Master, Visa, DC, Amexco.
Zahl der Zimmer: 14.
Zimmerpreise: 29 bis 52 Euro.
Parkmöglichkeiten auf geschlossenem Platz hinter dem Anwesen.
Warme Küche: 12:30 - 14:00 und 19:30 - 21:30 Uhr.
Plätze im Restaurant: 30.
Ruhetag: keiner.
Betriebsferien: Im Februar.
Freizeit und Erholung: Tennis, Schwimmen, Bootsfahrten auf dem Loir.
Besitzer: Murielle und Eric Leluc.

Als dieser feudale Landsitz, heute einer von dreien dieser Kategorie im Besitz der Familie Leluc, in der Zeit von 1940 bis 1944 von Generälen der deutschen Wehrmacht als Hauptquartier der Region zweckentfremdet wurde, wussten sie wahrscheinlich nicht, dass am Platz dieses Hauses einst eine Burg stand, die schon Henri IV als Logis gedient hatte. Dort wohnte der von 1056 bis 1106 regierende Franzosenkönig, wenn er auf die Jagd

ging. Nach der Zerstörung der Burg entstand hier ein neues, ebenfalls befestigtes Schloss für den Herzog von Bonneval, im 14. Jahrhundert erbaut und im Jahre 1660 gründlich ausgeplündert; danach verfiel das Anwesen, bis es zu Beginn des 19. Jahrhunderts von Privatleuten erworben und restauriert wurde. Aus jener Zeit datiert ein großer Teil der nach klassischen Vorbildern wiederhergestellten Innenarchitektur, die den Charme des Hauses ausmacht. Die Umwandlung in ein Hotel fand 1950 statt.

Das stattliche Haus mit seinem großen Park und der schützenden Hecke vor der Front ist mit nur 14 Gästezimmern ein intim gehaltener Ort mit Privatatmosphäre, den Menschen bevorzugen, die sich nicht gern mit der Rubrik »Touristen« identifizieren.

Die Küche, seit kurzem unter neuer Leitung, wartet mit einigen Spezialitäten auf wie der Melée de mâches au magret de canard, zarten Noix de coquilles Saint-Jacques poêllés sur un lit de pousses d'épinarde oder einer Papilotte d'espadon aux légumes marinés. Es gibt auch ein ausgezeichnetes vegetarisches Menü zu 40 Euro und als besondere Überraschung ein Menu Dégustation zu 57 Euro, dessen Komposition der Gast nicht erfährt, bevor der erste Gang auf den festlich gedeckten Tisch kommt. Der als Vorspeise à la Carte offerierte Kartoffelsalat mit Trüffeln und einer Zwiebelfondu könnte einen Hauptgang erübrigen – aber das wäre ein unfreundlicher Akt gegenüber der exzellenten Küche oder zumindest ein Zeichen von unbotmäßiger Nahrungsverweigerung. Dass man hier nur die besten Weine der Region führt, erübrigt sich zu erwähnen.

LE MOULIN DU PRIEURÉ
F-25620 BONNEVAUX-LE-PRIEURÉ (DOUBS)
TEL. 0033 381 59 21 47
FAX 0033 381 59 28 79

Anreise: Von Bésançon auf der N57 Richtung Pontarlier, bei Hôpital-du-Grosbois rechts im Kreisverkehr (stählernes Monument) auf der D2E nach Charbonnière abbiegen, von dort rechts der D280 nach Bonnevaux-le-Prieuré folgen. Hinter der Kirche mit der Glocke vor dem Gebäude links (Richtung Ornans), danach 2 km serpentinenreiche Straße, an deren Ende jenseits der Brücke die Mühle liegt.
Entfernung von Ornans 6 km, Bésançon 19 km, Vésoul 65 km.
Kreditkarten: Euro/Master, Visa, DC, Amexco.
Zahl der Zimmer: 8.
Zimmerpreise: 54 bis 72 Euro, je nach Saison. HP 67 bis 72 Euro.
Parkmöglichkeiten ausreichend auf dem Grundstück.
Warme Küche: 19:30 - 21:30 Uhr.
Plätze in zwei Restauranträumen: 50 und 20.
Ruhetag: keiner.
Betriebsferien: Das Haus hat ganzjährig geöffnet.
Freizeit und Erholung: Golf (8 km), Angeln (Fliegenfischen), Besichtigung des Courbet-Museums in Ornans, Dino-Zoo.
Besitzer: Béatrice und Philippe Migot.

Wenn Sie das »richtige« Bonnevaux gefunden haben (Orte dieses Namens gibt es in dieser Gegend mehrfach), werden Sie auch das versteckte Tal mit der »Moulin de Prieuré« entdecken, unten in der Talsenke, wo niemand eine romantische Herberge

vermuten würde. Die ehemalige Kornmühle, im 13. Jahrhundert neben einem Benediktinerkloster erbaut, stellte erst 1967 ihren Betrieb ein; zehn Jahre danach hat man im Haupthaus ein Restaurant eingerichtet. Es wird vom Ehepaar Migot geführt und wartet mit ein paar Spezialitäten auf, die ihresgleichen suchen – sie bilden feine Akzente im Menu les Delices du Moulin und im Menu Gustave Courbet (kosten Sie die Lasagne des escargots oder das Pavé de sanglier!). Die Menüpreise bewegen sich zwischen 32 und 60 Euro. In jedem Fall gut angelegtes Geld.

Die Fassade der Mühle ist wie bei allen ehemaligen »Nutzgebäuden« dieser Art nicht gerade aufregend. Dennoch lebt die Atmosphäre der alten Müllerei in den dicken Natursteinmauern des großen Hauses fort; die vom Kaminfeuer verräuchtern Balken an der Decke und die alte Mahlwerkmechanik im Salle du Moulin machen das Ambiente der Mühle aus.

Der Mühlbach bildet heute ein ruhiges Biotop, und das 6 m große Mühlrad hinter dem Haus, etwa 120 Jahre alt, bewegt sich nicht mehr. Das Haus verfügt über einen ausgedehnten Park, wo im Sommer auch schon mal eine große Hochzeitsparty steigt, und die bewaldeten Hänge ringsum laden zum Wandern ein.

Man kann in der »Moulin de Prieuré« auch übernachten: Vier kleine, sehr behaglich eingerichtete Chalets mit je zwei Räumen plus Badezimmer bieten jeden Komfort (einschließlich Elektroheizung: abends kann es kühl werden im Tal der Brême) und haben darüber hinaus den Vorteil, dass man, wenn man etwas früher schlafen gehen möchte, von der Gastronomie und vom Rauch des mit manchmal etwas zu feuchtem Holz befeuerten Mühlenkamins nichts mitbekommt.

HÔTEL OMBREMONT
ROUTE NATIONALE 504,
32 **F-73370 LE-BOURGET-DU-LAC (SAVOIE)**
TEL. 0033 479 25 00 23
FAX 0033 479 25 25 77
E-mail: ombremont@relaischateaux.fr

Anreise: Von der Autobahn A41 nach Grenoble Ausfahrt Aix-les-Bains Sud, der N211 nach Le-Bourget-du-Lac folgen, nach dem Kreisverkehr rechts auf die N504 Richtung Bourg-en-Bresse. Nach etwa 2 km rechts den Berg hinauf nach Ombremont.
Entfernung von Chambéry 4 km, Aix-les-Bains, Lyon 75 km.
Kreditkarten: Euro/Master, Visa, DC, Amexco.
Zahl der Zimmer: 12 Zimmer und 5 Suiten.
Zimmerpreise: 145 bis 285 Euro.
Parkmöglichkeiten auf dem Grundstück.
Warme Küche: 12:30 - 13:30 und 19:15 - 21:00 Uhr
Plätze im Restaurant: 48.
Ruhetag: Dienstagmittag.
Betriebsferien: Von Anfang November bis Anfang Mai.
Freizeit und Erholung: Golf, Tennis, Reiten, Fischen, Segeln, Wasserski.
Besitzer: Jean Pierre und Josie Jacob.

Das Haus am »Schattenberg« ist eine herrschaftliche Villa aus dem frühen zwanzigsten Jahrhundert und gehörte damals einem Industriellen aus Lyon. 1954 verkauften seine Nachkommen das Anwesen; es wurde in eine Hotelpension im Stil jener Zeit umgewandelt. Die geschäftliche Entwicklung des Hotels entsprach aber nicht den Vorstellungen seiner Besitzer. Erst als Jean Pierre Jacob 1995 das reizvolle Haus oberhalb des Lac du Bourget erwarb, es renovieren und wieder ganz in der Art der frühen zwanziger Jahre einrichten ließ, fanden sich immer mehr Gäste ein – Liebhaber eines Ambiente der »Roaring Twenties«, die eine solche Atmosphäre zu schätzen wissen und der Mischung zwischen Art Déco und Art Nouveau jenen Reiz abgewinnen, der Jahrzehnte lang verloren gegangen war. In der Kette »Relais & Châteaux« nimmt das Hôtel Ombremont einen besonderen Rang ein.

Das Restaurant in dem schönen Haus mit seinen großzügig geschnittenen Zimmern heißt »Bateau Ivre« und genießt seit langem einen hervorragenden Ruf. Der Chef kocht selbst: Monsieur Jacob ist immerhin seit vielen Jahren Mitglied der »Chambre Syndicale de la Haute Cuisine Française«. Hummer und Langusten, aber auch Süßwasserfische aus dem nahen See stehen auf dem Menü ganz oben, doch es gibt noch eine Steigerung: Das Menu Rimbaud mit zehn Gängen zu 115 Euro. Schließen Sie das Schlemmermahl, für das Sie zweieinhalb Stunden benötigen, mit einem 1998er Cotnari Grasa aus Moldavien (wo sonst in Frankreich steht ein solches Gewächs auf der Weinkarte?) oder einem Banyuls Rouge, bevor Sie einen längeren Verdauungsspaziergang durch den gepflegten Garten antreten!

HOSTELLERIE DU CHÂTEAU DE GOVILLE
ROUTE D5,
F-14330 LE-BREUIL-EN-BESSIN (CALVADOS)
TEL. 0033 231 22 19 28
FAX 0033 231 22 68 74
E-mail: chateaugoville@mail.cpod.fr

34 **Anreise:** Auf der N13 von Caen nach Cherbourg in Bayeux auf die D5 in Richtung Le Molay Littry einbiegen. Kurz vor dem Ort liegt hinter einer großen Hecke versteckt die Zufahrt zum Château (die Adressenbezeichnung Le Breuil-en-Bessin irritert; so heißt die Gemeinde auf der anderen Straßenseite.
Entfernung von Bayeux 8 km, Caen 39 km, Cherbourg 81 km.
Kreditkarten: Euro/Master, Visa, DC, Amexco.
Zahl der Zimmer: 10.
Zimmerpreise: 99 bis 130 Euro, HP 190 Euro (2 Pers.)
Parkmöglichkeiten: Einige Parkplätze neben dem Haus.
Warme Küche: 12:30 - 14:00 und 19:30 - 21:30 Uhr
Plätze im Restaurant: 22.
Ruhetag: keiner.
Betriebsferien: Das Haus hat ganzjährig geöffnet.
Freizeit und Erholung: In der Nähe zahlreiche Museen, der Invasion an der Normandie gewidmet, ferner das Ballon-Museum in Balleroy, Bauwerke aus dem Mittelalter und die Cidre-Presserei von Chessnaie.
Besitzer: Jean-Jacques Vallée.

Das am Stadtrand von Molay Littry hinter hohern Hecken versteckte Château Goville, seit annähernd drei Jahrhunderten in Familienbesitz, war einst die Residenz der Herren von Royville.

1813 erbten Auguste Carité und seine Gemahlin Angélique das kleine Schloss, ließen zu beiden Seiten je einen Anbau hinzufügen und einen Park im englischen Stil anlegen. Die 1920 eingeheiratete Familie Valllée nahm umfangreiche Restaurierungsarbeiten vor. Im Lauf des II. Weltkrieges hatten die Deutschen hier hohe Generäle untergebracht; zum Glück blieb das Anwesen im Invasionsjahr 1944 vom Granatenhagel verschont. Jean-Jacques Vallée hat das Haus 1985 in ein Hotel umgewandelt und es verstanden, seine umfangreichen und mit viel Liebe zusammengetragenen Kollektionen zu integrieren. Es gibt allein 49 antike Puppenhäuser im Château Goville zu besichtigen, eine Sammlung wertvoller Gemälde, viele Fayancen, altes Silber, Schmuck und auch Triviales. Jedes der zehn Zimmer birgt Kostbarkeiten und exquisite Sammlerstücke. Kleine Unzulänglichkeiten im technischen Bereich werden angesichts eines solch stilvollen Ambiente nebensächlich.

Die Küche, geleitet von Gilles Maheut, offeriert unter anderem ein herrliches Magret canard en pain perdu, einen Rouget sur miroir du tomate au coteaux de l'Abance, und ein besonders leckeres Dessert ist die Crême froide au Earl Grey, caramelisée a la cassonade ... Man speist zu dezenter Musik von Verdi, lässt die Augen über das stilvolle Dekor streifen und genießt den Digestif im Garten oder im Spielsalon des Auguste Carité.

In den relativ kleinen Räumen des Château Goville herrscht eine familiäre Atmosphäre; man fühlt sich wie bei guten Freunden untergebracht und nicht in einem Hotel. Das Frühstück bringt der Hausherrr seinen Gästen persönlich aufs Zimmer. Im »Chambre Modemoiselle«, eingerichtet vom Hausdesigner des Couturiers Christian Dior, haben sich schon Gäste wie Jeanne Moreau und im »Adeline« Géraldine Chaplin wohl gefühlt.

CHÂTEAU DE NOIRIEUX
26, ROUTE DU MOULIN,
F-49125 BRIOLLAY (MAINE-ET-LOIRE)
TEL. 0033 241 42 50 05
FAX 0033 241 37 91 00
E-Mail: noirieux@relaischateaux.fr

36

Anreise: Man verlässt die Autobahn A11 Nantes-Angers-Paris an der Ausfahrt 14/2 und folgt der D52 nach Briollay, fährt am Ort vorbei und biegt am nächsten Kreisverkehr rechts auf die D109 ab. Die Zufahrt zum Hotel ist gut ausgeschildert.
Entfernung von Laval 70 km, Nantes 89 km, Tours 95 km.
Kreditkarten: Euro/Master, Visa, DC, Amexco.
Zahl der Zimmer: 18 Zimmer und eine Suite.
Zimmerpreise: 145 bis 282 Euro.
Parkmöglichkeiten auf dem Grundstück.
Warme Küche: 12:15 - 13:30 und 19:30 - 21:30 Uhr.
Plätze im Restaurant: 40.
Ruhetag: keiner.
Betriebsferien: Vom 7. Februar bis 9. März und vom 28. Oktober bis 21. November.
Freizeit und Erholung: Reiten, Wandern, Golf, Ballonfahren, Besichtigung der umliegenden Schlösser. Im Anjou finden alljährlich viele Theater- und Musikfestivals statt.
Geschäftsführer: Michael Shen.

Diese Gruppe zu unterschiedlichen Zeiten erbauter Häuser einer landwirtschaftlichen Domäne entstand zwischen dem 13. und dem 17. Jahrhundert. Das Haupthaus, seit 1988 ein Hotel der Viersterne-Kategorie, datiert vom 15. Jahrhundert und gilt

als ein Kleinod in der Region Anjou. Der Gast fühlt sich in verschiedene Epochen vergangener Zeiten zurück versetzt, wenn er auf eine Entdeckungsreise durch das Schloss geht. Es sind zwar zahlreiche Umbauten vorgenommen worden, die letzten um 1927, doch die Vielfalt der historischen Substanz ergänzt sich gut und bildet eine Harmonie. 1991 wurde das Hotel eröffnet, bis dahin war das Anwesen privat genutzt worden.

Die Lage des Hauses, die Großzügigkeit seiner Architektur, die Zimmergrößen bis zu 40 qm beeindrucken den Gast. Die riesigen Kamine selbst in den »kleinen« Zimmern (petites Douillettes) sowie die Vielfalt des antiken Interieurs machen das »Château de Noirieux« zu einem erholsamen und zugleich interessanten Aufenthaltsort für einige Tage des Relaxens und der Erbauung. Hinzu kommt die angenehme Komponente einer abwechslungsreichen Küche, geleitet von Gérad Comte, dessen Einfallsreichtum unter frankreichkundigen Gourmets bekannt ist. Lassen Sie sich von seiner Lasagne de l'araignée de mer à la truffe überraschen oder von der Poupielle de bar de la pointe du Raz en habit vert. Etwas Besonderes sind auch die Filets de St. Pierre mariné au poivre. Der Qualität der Gastronomie entsprechen die Preise: Das Menu Vallée kostet 44 Euro, das Menu Dégustation 80 Euro.

Wenn schon, denn schon: Wird die Weinkarte gereicht, sollten Sie sich zur Feier des Tages vielleicht für einen Côteaux du Layon, für einen Anjou Blanc La Lune oder einen Cremant de Loire Cuvée Quadrille entscheiden. Zu fortgeschrittener Stunde bliebe da noch die Wahl zwischen zwölf verschiedenen Obstbränden und acht Sorten Calvados ...

LE CHAPON FIN
1, PLACE LATTRE DE TASSIGNY,
F-19100 BRIVE-LA-GAILLARDE (CORRÈZE)
TEL. 0033 555 74 23 40, FAX 0033 555 74 23 52
E-mail: lechaponfin@yahoo.fr

Anreise: Auf der Autobahn A20 Limoges-Toulouse, Ausfahrt 50 (D901) oder 51 (N89) nach Brive-le-Gaillard; in der Stadt rechts in den Boulevard Gén. Koenig bis zur Place de la Republique, den Boulevard Ed. Lachaud 2 km weiter bis zur Place de Lattre de Tassigny. Das Hotel liegt an einem großen, teilüberdachten Parkplatz.
Entfernung von Tulle 26 km, Limoges 75 km, Clermont-Ferrand 145 km.
Kreditkarten: Euro/Master, Visa, DC, Amexco.
Zahl der Zimmer: 30.
Zimmerpreise: 43 bis 54 Euro.
Parkmöglichkeiten in ausreichender Zahl vor dem Haus.
Warme Küche: 12:30 - 14:00 und 10:30 - 21:30 Uhr.
Plätze im Restaurant: 80.
Ruhetag: keiner.
Betriebsferien: Das Haus hat ganzjährig geöffnet.
Freizeit und Erholung: Museen, Stadtbesichtigungen (Altstadt aus dem 16. Jahrhundert), Ausflüge in die Umgebung.
Besitzer: M. Christeu.

Selten findet man in den mittelgroßen Städten Frankreichs schöne alte Hotels in der unmittelbaren Nähe zum Zentrum, die nicht nur dem Modernisierungsbestreben der jüngeren Generation standgehalten haben und außerdem eine abwechslungs-

reiche Küche bieten – sondern die zugleich über einen großen, hauseigenen Parkplatz direkt vor der Tür verfügen. Dies ist bei dem gepflegten Zweisterne-Hotel »Le Chapon Fin« (der schlaue Kapaun) in Brive-la-Gaillarde der Fall; es gibt das Haus seit 1890. Vor dieser Zeit existierte am gleichen Platz ebenfalls schon eine Herberge; sie fiel einem Brand zum Opfer.

In dieser Stadt liefen schon vor Jahrhunderten wichtige westeuropäische Verkehrswege zusammen, sie führten zu einer Begegnung von Kulturen und inspirierten in späterer Zeit einen Tourismus, der eine bestimmte Qualität bekam. Brive-la-Gaillarde ist das Tor zu den Regionen Limousin, Périgord und Auvergne gleichermaßen und ein Zentralpunkt für herrliche Ausflüge.

Im Restaurant des »Chapon Fin« isst man seit jeher sehr gut; Qualität und Quantität sind ausgewogen. Die Menüpreise von 13 bis 33 Euro darf man als angemessen bezeichnen, Spezialitäten des Hauses sind Escargots de Bourgogne, Rognons de veaux aux vieux Cahors, Filet de loup au beurre d'échalottes. Das Ambiente des Restaurants mit seinem schönen alten Fußboden entspricht dem Alter des Hauses – man kann sich gut vorstellen, dass der Herr Apotheker, der Herr Studienrat und der Herr Polizeipräfekt und deren in großartige Roben gehüllte Gemahlinnen hier schon vor hundert Jahren am Sonntag ihr Déjeuner genossen haben.

LE RELAYS DU CHASTEAU
F-12480 BROUSSE-LE-CHÂTEAU
(AVEYRON)
TEL. 0033 565 99 40 15
FAX 0033 565 99 21 25

Anreise: Von Albi auf der N88 nach Norden (7 km) bis zur Abzweigung der D603 nach Requista, dort rechts abbiegen über den Fluss nach Lincou und St. Afrique, nach 1 km nach links abermals über den Fluss: am anderen Ufer liegt Brousse-le-Château.
Entfernung von Albi 40 km, Millau 51 km, Clermont-Ferrand 270 km.
Kreditkarten: Euro/Master, Visa, DC, Amexco.
Zahl der Zimmer: 12.
Zimmerpreise: 33 bis 40 Euro.
Parkmöglichkeiten nur auf der Straße.
Warme Küche: 12:30 - 14:00 und 19:30 - 21:30 Uhr.
Plätze im Restaurant: 40.
Ruhetag: Vom 1. Oktober bis 1. Mai: Donnerstagabend und am Samstag.
Betriebsferien: 20. Dezember bis 20. Januar.
Freizeit und Erholung: Wassersport, Angeln, Wanderungen.
Besitzer: Philippe und Sybile Senegas.

Man könnte das »Relays du Chasteau« als eine historische Schloss-Schänke bezeichnen. Wie sich nachweisen lässt, war das Haus am Fuße der mittelalterlichen Ansiedung Brousse mit ihrer eindrucksvollen Burg einst eine Poststation; Bezeichnungen wie Relais oder Relays (»Pferdewechsel«) deuten in Frankreich stets darauf hin. Die Familie Senegas, die das Gasthaus heute betreibt, vertritt in diesem Anwesen die vierte Generation; der Urgroßvater war noch Posthalter im herkömmlichen Sinn und verstand sich auf die Versorgung von Pferden und Kutschen, mit denen die Gäste damals angereist kamen. Und das waren viele; an manchen Tagen zählte man zehn vierspännige Kaleschen, deren Insassen im Ralays einkehrten, gelegentlich über Nacht blieben und erst nächstentags ihre Reise nach Cahors oder Rodez fortsetzten. Brousse-le-Château ist kaum mehr als ein Dorf zu bezeichnen; hier leben heute nur noch 35 Einwohner. Das Anwesen liegt am Ufer des Tarn und der Alrance, wo die Welt noch in Ordnung ist und eine heile Natur den Besucher Willkommen heißt.

In den zwölf Gästezimmern ist die Atmosphäre eher sachlich-modern; hier hat der alte »Schlossgeist« weniger Spuren hinterlassen als im Erdgeschoss der Herberge mit ihrem alten Kamin und den Natursteinwänden.

Die ländlich-solide Küche, die im Relays geboten wird, entspricht dem traditionellen Charakter des Hauses und ist angenehm umkompliziert. Eine kräftige Gemüsesuppe statt schwerer Pasteten und eine frische Forelle aus der Alrance statt Steak-frites, dazu eine Flasche trockenen Weißwein aus dem Languedoc: So versteht man hier zu leben. Die Menüpreise sind mäßig und liegen bei maximal 27 Euro, auch die Weine sind sämtlich als sehr preiswert zu bezeichnen.

AUBERGE DES SÉGUINS
LES SÉGUINS,
F-84480 BUOUX (VAUCLUSE)
TEL. 0033 490 74 16 37
FAX 0033 490 74 03 26

Anreise: Buoux ist nicht ganz leicht zu finden. N100 von Avignon Richtung Apt, von dort 10 km auf der D113 nach Süden. Die Straße ist kurvenreich und schmal. Beschilderung Fort Buoux folgen, an der Fort-Zufahrt geradeaus vorbei; die letzten 1,5 km der Straße sind unbefestigt. Les Seguins ist nicht ausgeschildert.
Entfernung von Apt 10 km, Avignon 67 km.
Kreditkarten: keine.
Zahl der Zimmer: 29.
Zimmerpreise: Nur Halb- oder Vollpension, 38 bis 74 Euro pro Person.
Parkmöglichkeiten ausreichend.
Warme Küche: 12:15 - 14:00 und 19:30 - 21:30 Uhr .
Plätze im Restaurant: 58, auf der Terrasse 80.
Ruhetag: keiner.
Betriebsferien: In den Monaten Dezember und Januar.
Freizeit und Erholung: Felsklettern, Wandern, Ponyreiten, Besichtigung des Forts.
Besitzerin: Nadine Plessemesse.

Das Anwesen war einst ein kleines Hirtendorf, bestehend aus fünf, sechs Häusern und Ställen in einem versteckten Tal zwischen steilen Felswänden, an denen heute Kletterfreunde trainieren. Erst 1972 wurde die verlassene Dorfruine mit einigem

Aufwand in eine Auberge verwandelt. Die Gruppe der gut 300 Jahre alten Steinhäuser, in denen man Zimmer oder auch Apartments mieten kann - einfach, aber zweckmäßig eingerichtet - duckt sich zwischen schattigen Bäumen und Büschen. Hier kommen vorzugsweise Familien her, die in idyllischer Abgelegenheit Erholung suchen.

Im Dörfchen Buoux (auch Buous geschrieben), in welchem nur 100 Einwohner leben, gibt es einen kleinen, aber feinen Laden mit Souvenirs bäuerlicher Handwerkskunst sowie eine alte Festung, die zu besichtigen lohnt.

Um die ländliche, dennoch raffinierte Küche des Cuisiniers Jean-Battiste kennenzulernen, sollte man das Boeuf broufado mit Anchovis und Kapern probieren oder die halbe gebratene Taube mit Schattenmorellen. Ein Genuss sind auch die Crudtitées provençales. Anzumerken wäre, dass die schattige Terrasse zum Glück nicht mit modernem Plastikmobiliar bestückt ist, sondern mit alten Gartenstühlen und -tischen, wie man auch von derbem Landporzellan speist und das übliche Wasser zum Wein (Château de l'Iselette oder La Canorgue - c'est ça!) in Flaschen auf den Tisch gestellt bekommt, wie man sie sonst wohl nur noch im Antiquitätengeschäft findet. Jedes der drei Menüs zu 19, 24 und 30 Euro enthält besondere Überraschungen, und die Flinkheit, die Aufmerksamkeit und Liebenswürdigkeit, mit der die jungen Mademoiselles des Hauses sich um ihre Gäste kämmern, verdienen ein Extralob.

AUBERGE LA SALVETAT
ROUTE DE BELVÈS,
F-24480, CADOUIN (DORDOGNE)
TEL. 0033 553 63 42 79
FAX 0033 553 61 72 05

Anreise: Am besten von Bergerac an der Dordogne auf der D660, die man bei Le Buisson-Cuissac zur D28 Richtung Cadouin verlässt. Danach sind es 6 km bis zum Dorf, das man durchquert, um links auf der D2 nach Belves und zur D54 zu gelangen. Nach weiteren 2 km sehen Sie an einer Rechtskurve hinter einem Buswartehäuschen die Zufahrt zur Auberge.
Entfernung von Bergerac 32 km, Périgueux 48 km.
Kreditkarten: Euro/Master, Visa.
Zahl der Zimmer: 14.
Zimmerpreise: 58 bis 70 Euro (bei HP die gleichen Preise pro Person).
Parkmöglichkeiten vor dem Anwesen.
Warme Küche: 12:30 - 14:00 und 19:30 - 21:30 Uhr.
Plätze im Restaurant: 36, auf der überdachten Terrasse 75.
Ruhetag: Montag.
Betriebsferien: In den Monaten Dezember und Januar.
Freizeit und Erholung: Ausflüge in die Umgebung, Tennis, Radwandern, Besichtigung alter Dörfer.
Besitzer: Georges Pousade.

Auch in Frankreich müssen sich Fuchs und Hase schließlich irgendwo Gute Nacht sagen – vermutlich tun sie es sieben Kilometer nördlich von Caduin am Rand eines Waldes, hinter welchem sich die »Auberge la Salvetat« befindet. Der aus dem

12. Jahrhundert stammende, weitab von den großen Verkehrswegen gelegene Bauernhof (ferme) wurde vor fünfzehn Jahren in ein Restaurant verwandelt, in dessen Gaststube eine große Feuerstelle den Mittelpunkt darstellt, so wie dies in den Bauernhäusern hier schon im Mittelalter üblich war. Die Filets de boef Limousin, die Georges Pousade heute über der Glut garen lässt, sind zart und aromatisch. Weitere Spezialitäten des Hauses sind ein Mignon de porc au caramel de pommes und zahlreiche Wildgerichte, die der Patron seinen Gästen in der kühleren Jahreszeit anbietet. Gänseleberpasteten gibt es in allen Formen, Varianten und Zusammensetzungen, und bei der Auswahl der Weine sind natürlich die umliegenden Regionen des Perigord Noir besonders gut vertreten.

Die ehemalige ferme ist ein Gasthaus, das nicht nur die Tradition altfranzösischen Landlebens fortführt, sondern das sich vor allem durch seine hervorragende Küche einen guten Namen gemacht hat. Dass der alte, heruntergekommene Gasthof unten in der kleinen Ortschaft Cadouin unlängst zugemacht hat, kommt Monsieur Pousade – seine Sammlung historischer Landkarten an den Wänden ist übrigens eine weitere Attraktion! – sicher zustatten, denn auch seine 14 Zimmer, ganz im Stil a la campagne gehalten, sind häufig ausgebucht. Sie liegen ebenerdig dort, wo einst die Stallungen waren. Urlaub auf dem Bauernhof: Einmal ganz anders!

A L'ORÉE DE LA FORÊT

PLACE DE L'EGLISE,
F-56800 CAMPÉNÉAC (MORBIHAN)
TEL. 0033 297 93 40 27
FAX 0033 297 93 11 75

Anreise: Auf der D134 nach Campénéac (gut ausgeschildert) 2 km bis zu einem Stoppschild, hier nach links 500 m bis in die Mitte des Ortes; das Hotel liegt gegenüber der Kirche.
Entfernung von Rennes Vannes 53 km, 70 km.
Kreditkarten: Euro/Master, Visa, DC, Amexco.
Zahl der Zimmer: 16.
Zimmerpreise: 25 bis 31 Euro.
Parkmöglichkeiten auf dem Platz vor dem Haus, auch Garagen.
Warme Küche: 19:00 - 21:00 Uhr.
Plätze im Restaurant: 10 in der Bar (nur kleiner Mittagstisch), 48 im Restaurant.
Ruhetag: Donnerstag (ausgenommen in den Monaten Juli und August).
Betriebsferien: 3. bis 18. Februar und 29. September bis 14. Oktober.
Freizeit und Erholung: Ausflüge in die Wälder des Brocéliande und zur Küste.
Besitzer: Jean-Pierre und Josiane Jourdran.

Das Haus gegenüber der großen Kirche geht auf das Jahr 1850 zurück, als es nur eine Dorfkneipe mit drei oder vier bescheidenen Gästezimmern war. Seit 1880 befindet sich das Gasthaus in Familienbesitz. Josiane und Jean-Pierre Jourdran führen ihn

heute in der fünften Generation; sie haben vor einigen Jahren alles gründlich renoviert und vor allem die Küche auf einen hohen Standard gebracht. Die zwei Kamine der Kette »Logis de France« entsprechen schließlich zwei Gastronomiesternen. Die Gerichte sind sämtlich von ländlich-bretonischer Einfachkeit, aber dennoch raffiniert verfeinert und in ihrer Zusammensetzung von den Produkten des nahen Meeres geprägt. Der Atlantik liefert noch immer hervorragende Alternativen zu all dem, was die Schlachthöfe und Gemüsegärten der Region zu bieten haben. Die Menüpreise bewegen sich zwischen 11 bis 28 Euro; das Billigangebot zu 7,50 Euro für Rucksacktouristen zur Mittagszeit sollte man nicht ernst nehmen – zumindest wird man nicht satt davon. Der Chef des Hauses kocht (abends) selbst, und so heißt es auch stolz »Cuisine du Patron«.

Die Einrichtung des Hotels ist ein Kompromiss zwischen der Tradition, die sich aus der Geschichte der Herberge ergibt, als die Gäste noch mit der Kutsche von Rennes nach Vannes unterwegs waren, und dem Bestreben, modernen Komfortansprüchen einer Klientel von heute zu genügen. Viele Gäste reisen schließlich nicht nur des historischen Ambiente einiger Häuser wegen in diese Gegend, sondern weil sie die Schönheit der Bretagne lieben. Dennoch ist der Gesamteindruck des Hauses »historisch«, und die familiäre Atmosphäre lässt erkennen, dass Josiane und Jean-Pierre Jourdran sehr viel daran gelegen ist, dem Haus die individuelle Note zu erhalten und ihre Gäste zum Wiederkommen zu veranlassen.

DOMAINE D'AURIAC
ROUTE DE SAINT-HILAIRE
F-11009 CARCASSONNE (AUDE)
TEL. 0033 468 25 72 22
FAX 0033 468 47 35 54
E-Mail: auriac@relaischateaux.fr
Internet: www.relaischateaux.fr/auriac

Anreise: Autobahn A61 Montpellier-Toulouse, Ausfahrt Carcassonne Ouest Richtung Centre Ville, am zweiten Kreisverkehr rechts, unter der Autobahn hindurch, nach 1,5 km Zufahrt zur Domaine d'Auriac.
Entfernung von Carcassonne 3 km, Narbonne 43 km, Toulouse 90 km.
Kreditkarten: Euro/Master, Visa, DC, Amexco.
Zahl der Zimmer: 26.
Zimmerpreise: je nach Saison 91 bis 305 Euro.
Parkmöglichkeiten auf dem Grundstück.
Warme Küche: 12:30 - 14:00 und 19:45 - 21:30 Uhr.
Plätze im Restaurant: 85 bis 120.
Ruhetag: Das Restaurant hat am Sonntagabend und am Montag geschlossen.
Betriebsferien: 5. Januar bis Mitte Februar und in der ersten Maiwoche.
Freizeit und Erholung: Golf, Tennis, Billard, Schwimmen.
Geschäftsführung: Marie-Hélène Rigaudis.

Auf dem Anwesen des Comte d'Auriac ließ Karl der Große eine jener 25 Abteien bauen, die er zum Dank für die Befreiung von Carcassonne aus der Hand der Mauren und Sarazenen zu er-

richten gelobt hatte. Ebenso alt – mehr als 1100 Jahre – sind die Grundfesten des Hauses, auf denen heute die »Domaine d'Auriac« steht, ein Herrenhaus mit einem Kellergewölbe, das mit einem direkten Zugang zur Zitadelle verbunden ist (den zu benutzen sich heute aus Sicherheitsgründen nicht empfiehlt). Das mit viel Liebe zu historischer Architektur ausgestattete Hauptgebäude wie auch die beiden Nebenhäuser – die einstige Bäckerei und die Mühle – könnte man fast als Museen bezeichnen. Antiquitäten, alte Teppiche und wertvolle Bilder künden von Sammlerpassionen mehrerer Generationen. Alle 26 Zimmer bzw. Suiten sind in klassischem, südfranzösischem Stil gehalten. Hier wird professionelle Hotellerie mit luxuriösem Ambiente und persönlichem Charme geboten. Traditionsbewusstsein des seit 50 Jahren in Familienbesitz befindlichen Anwesens beweist auch die Tatsache, dass Großvater und Vater der Juniorchefin Anne-Marie Rigaudis das Metzgerhandwerk gelernt haben – eine Garantie für die Qualität der Gastronomie. Senior Philippe Rigaudis, mittlerweile 90 Jahre, lässt es sich nicht nehmen, seine Erfahrung bei der Zubereitung bestimmter Spezialitäten auch heute noch einzubringen.

Gäste, die allein wegen des Abendessens von weither anreisen, haben dafür gute Gründe. Die Küche wird von einem baskischen Cuisinier geleitet, der Spanisches und Französisches zu kombinieren weiß – seine Noisettes au lapin, sein Pot au feu de pigeon au foie gras, sein Cochon à la basque sind Gaumenfreuden wie sein Entrée aus 15 verschiedenen Gemüsen. Die Karte zu studieren, ist ein Vergnügen für sich – dennoch überlässt man es besser dem Oberkellner, die Spezialitäten der Region und des Hauses vorzuschlagen, wie auch der Sommelier Ihnen Weine nennt, die am besten zu den Gerichten passen.

CHÂTEAU BELLEVUE
19, RUE JOSEPH CAPPIN,
F-32150 CAZAUBON (GERS)
TEL. 0033 562 09 51 95
FAX 0033 562 09 54 57
E-Mail: chateau.bellevue@viola.fr
Internet: www.epicuria.fr/chateaubellevue

Anreise: Von Bordeaux Richtung Lourdes; in Rocquefort auf die D626 nach Cazaubon. Durch die Stadt hindurch, am Ende der Straße nach links auf die D23. Nach 100 m links die schmale Einfahrt hinauf.
Entfernung von Tarbes 88 km, Bordeaux 120 km.
Kreditkarten: Euro/Master, Visa, DC, Amexco.
Zahl der Zimmer: 19.
Zimmerpreise: 47 bis 81 Euro; HP 52 bis 69 Euro.
Parkmöglichkeiten knapp ausreichend.
Warme Küche: 19:30 - 21:30 Uhr.
Plätze im Restaurant: 38.
Ruhetag: keiner.
Betriebsferien: Von Anfang Januar bis Mitte Februar.
Freizeit und Erholung: Bummel durch das 800 Jahre alte Dorfzentrum, Motorsport auf dem Circuit Nogaro, Besichtigung des mittelalterlichen Maschinenmuseums in Larresingle, Windsurfing auf dem Lac Uby, Reiten, Golf.
Besitzerin: Michèle Consolaro.

Nach langer Fahrt auf den meist schnurgraden und von dichten Wäldern gesäumten Nationalstraßen jener Region, die sich Les Landes nennt, ist man froh, eine gemütliche Herberge wie

das »Château Bellevue« zu finden. Groß ist die Auswahl an Hotels nicht in dieser Gegend Frankreichs; Häuser mit Geschichte findet man besonders selten. Cazaubon ist ein über 900 Jahre altes Städtchen mit Resten historischer Gebäude, für die der Begriff Denkmalschutz ein halbes Jahrtausend zu spät kam, dennoch ist das Vieux Quartier sehenswert. Die Burg aus dem 10. Jahrhundert existiert längst nicht mehr, das Château Bellevue mit seinem Park mit alten Zedern ist jüngeren Datums.

»Willkommen bei Freunden im Land der drei Musketiere« lautet das Motto des Hauses. Sicher wird das Hotel dereinst einmal bessere Tage sehen, zumal sich Madame Consolaro viel Mühe gibt, dem Schlösschen. das einst dem Russischen Botschafter von Bordeaux gehörte, den Charme früherer Zeiten zu erhalten. Und so sind es auch nicht kostbare Antiquitäten, mit denen die Atmosphäre des Hauses aus dem späten 18. Jahrhundert seine Gäste beeindrucken will, vielmehr ist es die rustikal-bürgerliche Ehrlichkeit, mit der das, was aus alter Zeit geblieben ist, präsentiert wird. Hier und dort muss ein wenig improvisiert werden, dafür gleicht die familiäre Gastfreundschaft der Schlossdame ein paar Unzulänglichkeiten aus. Michèle Consolaro hat das Haus 1980 übernommen.

In der Küche waltet der junge Cuisinier Fabrice Folz seines Amtes und überrascht seine Gäste im Restaurant »Le Cedre« mit Spezialitäten aus der Gascogne. Zu ihnen gehören Foie gas de canard au figues, ein delikate Aguillette pinteadeau aux legumes, ein Cuisse de lapin confité et sa polenta cremeuse, Langoustines et mirepoix d'olives de Lucques, danach Apfelkuchen mit Mandeln und Karamelsoße und jede Menge Chèvre. Klar, dass nur ein alter, gepflegter Armagnac als Digestif in Frage kommt: In dieser Gegend wird er schließlich hergestellt.

HOSTELLERIE DES CLOS
RUE JULES RATHIER,
F-89800 CHABLIS (YONNE)
TEL. 0033 386 42 10 63
FAX 0033 386 42 17 11
E-mail: host.clos@wanadoo.fr

52 **Anreise:** Chablis liegt an der D965, die von Auxerre (hier noch N65) nach Châtillon-sur-Seine und weiter nach Chaumont führt. Der Weg zur Hostellerie ist vom Ortseingang Chablis an gut ausgeschildert.
Entfernung von Auxerre 22 km, Chaumont 131 km.
Kreditkarten: Euro/Master, DC, Visa, Amexco.
Zahl der Zimmer: 26.
Zimmerpreise: 48 bis 81 Euro.
Parkmöglichkeiten vor und neben dem Haus.
Warme Küche: 12:30 - 14:00 und 19:30 - 21:00 Uhr.
Plätze im Restaurant: 100; 36 im Garten.
Ruhetag: keiner.
Betriebsferien: 15. Dezember bis 15. Januar.
Freizeit und Erholung: Besichtigung verschiedener Domänen sowie der Stadt Auxerre mit vielen Sehenswürdigkeiten.
Besitzer: Michel Vignaud.

Der Name »Chablis« bezeichnet nicht nur eine Ortschaft in der Bourgogne, sondern ist auch ein weltweit bekannter Begriff für einen ertsklassigen Weißwein jener Region, von dem es mehr als 40 Reférences gibt, wie der Franzose sagt. Bei Michel Vignaud in der »Hostellerie des Clos« kann man sie alle bekommen – da fällt die Wahl schon schwer.

Monsieur Vignaud hat einen Namen für seine exzellente Küche, und seine Spezialitäten sind natürlich in erster Linie solche, zu denen man einen Chablis trinken sollte. Das Frikassee aus Krebsschwänzen gehört dazu, das Filet de rouget barbet aux huitres à l'huile de noisettes, sein in der Pfanne gerösteter Hummer, seine Fischfondu, seine Austern von der Normandie, sein Lachs-Tatar... Dass man für ein Menu 69 Euro zahlt, darf angesichts der Qualität und Quantität des Gebotenen als angemessen bezeichnet werden (Vignaud offeriert seinen Gästen jedoch auch Menüs zu 33 und zu 48 Euro).

Man speist bei Vignaud in angemessenem Rahmen, nämlich im Hospiz einer Abtei aus dem 13. Jahrhundert. Neben dem Restaurant befindet sich die alte Kapelle, die in ihrem Originalzustand zu belassen eine Auflage war, als die Stadt das Anwesen 1930 an einen Privatmann verkaufte. Zuvor war das Hospiz das städtische Altersheim gewesen.

Ohne längerfristige Tischreservierung hat man geringe Chancen, in der Hostellerie zu Abend zu speisen. Michel Vignaud möchte jeden seiner Gäste individuell beraten, und dafür nimmt er sich Zeit. Dem Wunsch, ein oder zwei Dutzend Flaschen Chablis mit nach Hause zu nehmen, kann Vignaud ebenfalls entsprechen. Er bietet Crus von 5.95 bis 34 Euro an – ein Service, von dem jene gern Gebrauch machen, die auf der Heimfahrt noch genügend Platz im Kofferraum haben.

HOSTELLERIE AU RENDEZ-VOUS DES AMIS
4, PLACE DE TILLEUL,
F-52000 CHAMARANDES (HAUTE-MARNE)
TEL. 0033 325 32 20 20
FAX 0033 325 02 60 90

Anreise: Von Chaumont Richtung Dijon auf der N19; am Ausgang von Chaumont am Wasserturm (Ampel) links auf die DE162 abbiegen. Nach 1 km dem gelben Logis-de-France-Schild folgen. Von Süden (Langres) rechts abbiegen, 2 km durch parkartige Landschaft bis zum Dorf.

Entfernung von Chaumont 4 km, Langres 33 km, Dijon 115 km.
Kreditkarten: Euro/Master, Visa, DC, Amexco.
Zahl der Zimmer: 19.
Zimmerpreise: 48 bis 60 Euro (günstige HP-Arrangements)
Parkmöglichkeiten auf eigenem Platz jenseits der Brücke.
Warme Küche: 12:30 - 14:00 und 19:00 - 21:30 Uhr.
Plätze im Restaurant: 24 im Haus, 40 im Pavillon, 60 auf der Terrasse.
Ruhetag: Das Restaurant hat Donnerstagabend, am Samstag und Sonntagabend geschossen.
Betriebsferien: 1. bis 21. August, Weihnachten/Neujahr.
Freizeit und Erholung: Besichtung der Altstadt von Chaumont, Ausflüge in die Umgebung.
Besitzer: Pascal Nicard.

Ein kleines, verträumtes Dorf wie Chamarandes abseits der belebten Nationalstraße 19 von Chaumont nach Dijon kann traditionellerweise mit zwei Einrichtungen aufwarten: einer Kirche und einer Kneipe (die in Fankreich bekanntlich als Bar be-

zeichnet wird). Die urige Kirche hat sich im Laufe von 200 Jahren nicht verändert, doch aus dem kleinen Ausschank unter der alten Dorflinde, der einst zugleich Krämerladen war und vor allem etliche Generationen von Anglern mit Utensilien (und einem Schluck Rotwein nach erfolgreichem Fang) versorgt hat, wurde vor rund vier Jahrzehnten eine Herberge für Liebhaber guter französischer Küche.

In diesem um 1870 erbauten Haus verwirklichten Ghislaine und sein Sohn Pascal Nicard – Pascal ist Gastronomie-Spezialist in dritter Generation und passioniertes Mitglied der »Académie Nationale de Cuisine« – ihre Idee, Freunde kulinarisch zu verwöhnen. Rendez-vous des Amis (Treffpunkt guter Freunde) war daher der passende Name für eine solches Restaurant, in dem man nicht nur einmal das Joyeau de la mer gekostet haben muss (für knapp 40 Euro ein königliches Dinnervergnügen), sondern auch die herrlichen Fischpasteten und dazu den einen oder anderen Wein aus Pascal Nicards großem Keller. Dort lagern mehr als 8000 Flaschen 320 verschiedener Provenienzen. Nennen Sie Ihren Lieblingswein, ohne auf die Karte schauen: Sie werden ihn erhalten. Ein Abend in Gesellschaft guter Freunde oder in lieber Zweisamkeit – auf der Terrasse unter der Linde oder während der kühleren Saison in der gemütlichen Gaststube – wird hier zum unvergesslichen Erlebnis.

Man kann hier auch preiswert übernachten; keinerlei Verkehrslärm stört den verdienten Schlaf. Die 19 Gästezimmer der Hostellerie sind mit allem Komfort eingerichtet, entbehren allerdings leider der Atmosphäre, die das alte Haus in seiner dörflichen Umgebung vermittelt – in dem Bestreben, dem Gast das Beste und Modernste zu bieten, ist die Nostalgie leider ein wenig auf der Strecke geblieben.

CHÂTEAU LE CLOS DE LA RIBAUDIÈRE
F-86360 CHASSENEUIL-DU-POITOU
(VIENNE)

TEL. 0033 549 52 86 66
FAX 0033 549 52 86 32
E-mail: ribaudiere@ribaudiere.com
Internet: www.ribaudiere.com

Anreise: Von Poitiers nach Tours die A10 an der Ausfahrt 28 bzw. die N10 in Höhe von Chasseneuil (Kreisverkehr, Einkaufszentren) nach rechts verlassen. Unter die enge Brücke in den Ort hineinfahren; nach ca. 600 m rechts liegt die Einfahrt.
Entfernung von Poitiers Zentrum 8 km, Châtellerault 28 km, Tours 76 km.
Kreditkarten: Euro/Master, Visa, DC, Amexco.
Zahl der Zimmer: 41.
Zimmerpreise: 73 bis 125 Euro.
Parkmöglichkeiten auf dem Schlossgelände.
Warme Küche: 12:30 - 14.00 und 19:30 - 21:30 Uhr.
Plätze im Restaurant: 100.
Ruhetag: keiner.
Betriebsferien: Das Haus hat ganzjährig geöffnet.
Freizeit und Erholung: Besuch der historischen Stadt Poitiers, des Vergnügungsparks Futuroscope. Golf im Park von St. Cyr.
Besitzer: Jeannine und Philippe Bini.

Im 18. Jahrhundert entstanden im Poitou einige feine Schlösser, die sich die Edlen fern von Paris errichten ließen, wenn sie gute Gründe hatten, sich aufs Land zurückzuziehen. So war auch das 1798 bezogene Château de la Ribaudiere in Chasseneuil

im Auftrage eines Chevalier Joseph de Brou gebaut worden, der hier Jagdgesellschaften im großen Stil gab, solange das Geld reichte. Als nächsten Besitzer verzeichnet die Chronik eine in den Kreisen der damaligen Adelsgesellschaft nicht weniger bekannte Dame namens Barbette de la Motte; sie besaß gleich mehrere Schlösser in dieser Gegend und darüber hinaus den Mut, sich als erste Frau auf eine Fahrt mit dem Heißluftballon zu begeben. Sie habe eine unendlich große Schar von Köchen und Gärtnern beschäftigt, heißt es, weil sie nicht nur besonders anspruchsvoll zu speisen, sondern dies auch umrahmt von gepflegter Botanik zu tun beliebte. Bedauerlich, dass zumindest bei der Gartenpflege die heutigen Schlossbesitzer weniger zu investieren in der Lage sind. Dafür ist die Küche wie zu Zeiten der Madame de la Motte absolute Spitze.

Das Schloss wurde vor nicht allzu langer Zeit mit erheblichem Aufwand restauriert und in ein nobles Hotel mit Restaurantbetrieb verwandelt. Auf den architektonischen Stil der einstigen Jagdresidenz hat man die gesamte Einrichtung abgestimmt; hier herrscht eine Atmosphäre der Gediegenheit und Eleganz. Einen reizvollen Gegensatz zum antiken Mobiliar bilden Werke moderner Kunst, die das große Foyer schmücken.

Man kann hier fürstlich übernachten und noch besser dinieren. Schon das Menu de la Broue zu 27 Euro beispielsweise wartet mit einer Menge kulinarischer Überraschungen auf, erst recht das zu 45 Euro. Entscheiden Sie sich für einen Dos barbe rôti sur la peau oder für einen Marbré d'angouille et saumon brunoise crème de raifort und probieren Sie dazu den einen oder anderen Rosé von der Loire. Ein Spaziergang durch den ausgedehnten Schlosspark ersetzt den Digestif, Genießer aber verzichten weder auf das eine noch das andere.

AUBERGE DE LA TOUR
2, ROUTE DU BLANC,
F-36700 CHÂTILLON-SUR-INDRE (INDRE)
TEL. 0033 254 38 72 17
FAX 0033 254 38 74 85

Anreise: Von Norden kommend, fährt man die N143 von Tours nach Châteauroux, überquert die Brücke über den Indre und gelangt durch das kopfsteingepflasterte Altstadtviertel an ein Stoppschild. Auf der gegenüberliegenden Seite befindet sich das kleine Hotel.
Entfernung von Châteauroux 50 km, Tours 68 km.
Kreditkarten: Euro/Master, Visa, DC.
Zahl der Zimmer: 11.
Zimmerpreise: 26 bis 40 Euro.
Parkmöglichkeiten nur auf der Straße.
Warme Küche: 12:30 - 14:00 und 19:00 - 21:30 Uhr.
Plätze im Restaurant: 40.
Ruhetag: keiner.
Betriebsferien: Das Haus hat ganzjährig geöffnet.
Freizeit und Erholung: Besichtigung der Altstadt; Angeln, Schwimmen.
Besitzer: Gilles Pipelier.

Um auf halbem Wege zwischen Poitiers und Blois im Herzen der Grafschaft Berry Station zu machen, gäbe es vielleicht weniger belebte Plätze als die Straßenkreuzung der N143 mit der D975. Doch ab 19 Uhr beruhigt sich der Verkehr, und für einen Spaziergang von der »Auberge de la Tour« in die Altstadt und zum Donjon Feodal aus dem 12. Jahrhundert können Sie un-

gefährdet die Straße überqueren. Das Ensemble der mittelalterlichen Gebäude von Châtillon am Indre datiert aus mehreren Epochen; der älteste Teil stammt aus dem 12. Jahrhundert.
Die »Auberge de la Tour« jenseits der alten Stadtgrenze wurde im frühen 18. Jahrhundert erbaut; die Böden, Decken und Wände dokumentieren das Alter des Hauses. Die hölzerne Stiege zu den Gästezimmern (für einige von ihnen gilt »Klo-auf-dem-Gang«) ist nur ganze 50 cm breit, die Türen sind schmal und niedrig. Anzumerken wäre, dass die mehrfach ausgezeichneten Kochkünste des Patron um ein Vielfaches besser sind als sein Geschmack in Fragen der Inneneinrichtung, sonst hätten die Sprossenfenster der Herberge sicher Stoff- statt Plastikgardinen, und auf die Spannteppiche auf den urigen Holzfußböden ließe sich ebenfalls verzichten.
Um so gemütlicher geht es in der blitzsauberen, alten Gaststube zu, deren gekrümmte Deckenbalken erkennen lassen, dass dieses Haus bereits vor mehr als 250 Jahren gebaut wurde. Und was die Kochkünste von Gilles Pipelier betrifft: Sie wurden 2001 mit dem »Prix Table Couronnée« ausgezeichnet. Zu seinen Spezialitäten gehören ein köstliches Filet de boef au Chinon, ein zartes Selle d'agneau provençale, ein Marmite de poissons aux poireaux und jede Menge Desserts »maison«. Schon für 11 Euro erhält man ein viergängiges »Menu Brasserie«, das teuerste kostet 35 Euro. Bemerkenswert preisgünstig sind auch die hervorragenden Weine wie der Touraine Cabernet (Domaine Maurice Barbou) zu 14 Euro, der Saint Nicolas (James Morisseau) oder der rote Sancerre zu 25. Vielleicht erscheinen die Mädchen, die das Diner servieren, Ihnen ein wenig zu salopp; aber sie beherrschen ihren Job perfekt und haben für den Gast sogar hin und wieder ein Lächeln übrig.

L'AUBERGE DU MOULIN HAUT
ROUTE D 902
F- 55260 CHAUMONT-SUR-AIRE (MEUSE)
TEL. 0033 329 70 66 46
FAX 0033 329 70 60 75
E-mail: domaine.moulinhaut@wanadoo.fr
Internet: http://perso.wanadoo.fr./domaine.moulinhaut

Anreise: Von Nancy nach Vitry-le-François auf der N4 zur N135 Richtung Bar-le-Duc abbiegen, von dort die N35 nach Verdun. In Chaumont-sur-Aire rechts auf die D902; 400 m hinter der Ortschaft liegt rechts die Einfahrt zur Mühle.
Entfernung von St. Dizier 50 km, Nancy 95 km.
Kreditkarten: Euro/Master, Visa.
Zahl der Zimmer: 2 Zimmer und eine Gite (Ferienhaus für 6 Personen).
Zimmerpreise: 46 Euro.
Parkmöglichkeiten auf dem Grundstück.
Warme Küche: 12:00 - 13:30 und 19:30 - 21:00 Uhr.
Plätze im Restaurant: 30, im Garten 18.
Ruhetag: Sonntagabend und Montag hat das Restaurant geschlossen.
Betriebsferien: Das Haus hat ganzjährig geöffnet.
Freizeit und Erholung: Besichtigung der historischen Stadt Bar-le-Duc, des Château de Thillombois, Bootsfahrten auf der Meuse.
Besitzer: Rinia und Marc Imbach.

Ein Naturparadies nahe der berühmten »Voie Sacré« zwischen Bar-le-Duc und Verdun: Hier lohnt sich ein Einquartieren für

mehrere Tage. Die alte Mühle aus dem 17. Jahrhundert haben Marc Imbach und seine Frau Rinia in ein Feinschmeckerlokal verwandelt, in welchem der Gast nur ein Problem hat: Die romantisch-rustikale Einrichtung mit ihren liebevoll restaurierten Details könnte ihn davon abhalten, sich auf seine Degustation de Canard zu konzentrieren. Die Alternative: Auf der Gartenterrasse dinieren!

Infolge der Wirren mehrerer Kriege, die ihre Spuren gerade im Osten Frankreichs so deutlich hinterlassen haben, sind in dieser Gegend des Départements Meuse so gut wie keine historischen Gasthäuser mehr vorhanden; viele der verbliebenen Bistrots in den Dörfern, sofern sie mangels Umsatz nicht zugemacht haben, beherbergen keine Gäste mehr. Die »l'Auberge du Moulin Haut« hat 1914-1918 und 1940-1944 indes keinen Schaden erlitten; sie war eben nur eine kleine, unbedeutende Mühle – wenngleich mit einem ausgedehnten, drei Hektar umfassenden Grundstück – am Ufer der Aire.

Auf der Karte des Mühlenrestaurants stehen viele Gerichte rund ums Thema Ente (aus eigener Zucht), es gibt aber auch Forellen und Zander aus der Aire und stets eine Auswahl frischer Gemüse, die Madame Imbach im Garten hinter dem Haus erntet. Für die Köstlichkeiten auf dem Teller verlangt man zwar ein wenig mehr, als das verrostete Eisentor an der Zufahrt und die bescheidene Fassade des kleinen Hauses erwarten lassen, doch die Küche enttäuscht nicht. Wer sich am ersten Abend genügend Zeit lässst, sich durch das Supermenü zu 37 Euro hindurch zu arbeiten, kann nächstentags beim vergleichsweise schlichten Menu d'Affaires zu 18 Euro ja ein wenig Zurückhaltung üben. Und sich die Gaststube noch einmal in aller Ruhe betrachten ...

CROIX BLANCHE DE SOLOGNE
PLACE DE L'EGLISE, F-41600 CHAUMONT-SUR-THARONNE (LOIR-ET-CHER)
TEL. 0033 254 46 41 22
FAX 0033 254 46 03 69
E-mail: lacroixblanchesologne@wanadoo.fr

Anreise: Von Osten (Cosne-sur-Loire) kommend folgt man der D923 Richtung Blois, biegt rechts in die D48 ab und folgt ihr ca. 9 km bis in die Ortschaft Chaumont s/Tharonne. Das Hotel liegt an der Ecke zur D922 nach Orléans und ist gut ausgeschildert.
Entfernung von Orleans 35 km, Blois 42 km.
Kreditkarten: Euro/Master, Visa, DC, Amexco.
Zahl der Zimmer: 15.
Parkmöglichkeiten auf dem Platz neben der Kirche.
Warme Küche: 12:30 - 14:00 und 19:00 - 21:30 Uhr.
Plätze im Restaurant: 60.
Ruhetag: Das Restaurant hat Dienstag und Mittwoch über Mittag geschlossen.
Betriebsferien: Das Haus hat ganzjährig geöffnet.
Freizeit und Erholung: Reiterhof aus dem 16. Jahrhundert in Vouzon, Haus des Kunsthandwerks in der Rue de Lamotte, Ausflüge zu den Etangs (Seen).
Besitzer: Michel Pierre Goacolou.

Es käme wohl niemand auf die Idee, in diesem verträumten Bilderbuchdorf, mit seinen Fachwerk- und Backsteinhäusern an Ortschaften in der Bretagne erinnernd, eine Hochburg der französischen Küche zu vermuten. Deshalb hat Michel Pierre

Goacolou für jene, denen sein Gasthaus »La Croix Blanche de Sologne« bisher kein Begriff war, an den Ortseingängen auffällige Hinweistafeln aufstellen lassen. Aber nicht nur wegen seiner herzhaften Assiettes Périgourdines, seines Caneton au Kirsch oder seiner Lièvre à la Royale nehmen die Pariser zwei Stunden Autofahrt in Kauf, um zum Diner nach Chaumont-sur-Tharonne zu fahren. Im »Croix Blanche«, das auf eine 350jährige Tradition als Gasthaus zurück blicken kann, herrscht eine Atmosphäre wie in einem alten Bauernhaus, und die Küche ist ein Teil der Gaststube, was Einblicke in die Arbeit der drei Köchinnen gestattet. »Cuisine de femmes« hieß es schon 1779, als Marie Madeleine Thibonneau das Haus erwarb – seither haben ausschließlich weibliche Wesen hier den Kochlöffel schwingen dürfen. Nur für den Weinvorrat ist der Hausherr allein zuständig: er hat das Beste von der Loire im Keller.

Dort, wo das Haus steht, befand sich urprünglich ein Kloster. Eine Herberge an diesem Platz wird erstmals in Dokumenten aus dem 15. Jahrhundert erwähnt. Die Kirche St. Etienne und die umliegenden Häuser haben ihren ursprünglichen Charakter weitgehend bewahrt. Etwas lebhafter geht es hier allerdings zu, wenn in Chaumont-sur-Tharonne das jährliche Jazzfestival stattfindet, ein Ereignis, das sogar den schwergewichtigen Patron des »Croix Blanche« ins Swingen bringt. Übernachtungsgäste finden ihre Kemenaten im prächtig begrünten Innenhof des Anwesens, wo man vorzugsweise das Frühstück zu sich nimmt. Auch hier hat man das Gefühl, alle Uhren seien irgendwann einmal stehen geblieben – bis die Damen der Küche durch vernehmliches Klappern mit Töpfen und Pfannen zu erkennen geben, dass es Zeit ist, das petit déjeuner zu beenden und sich aufs Mittagessen zu freuen.

LE PRIEURÉ
ROUTE DE SAUMUR,
F-49350 CHÊNEHUTTE-LES-TUFFAUX
(MAINE-ET-LOIRE)
TEL. 0033 241 67 90 14
FAX 0033 241 67 92 24
E-Mail: contact@prieure.com
Internet: www.prieure.com

Anreise: Von Angers (Südufer der Loire) nach Saumur auf der D751 Richtung Gennes, nach 7 km rechts die ausgeschilderte, steile und schmale Einfahrt zur Prieuré.
Entfernung von Saumur 7 km, Angers 39 km.
Kreditkarten: Euro/Master, Visa, DC, Amexco.
Zahl der Zimmer: 20 Zimmer, 15 Apartments (Residences) und Suiten.
Zimmerpreise: ab 115 Euro.
Parkmöglichkeiten auf dem Gelände neben dem Schloss.
Warme Küche: 12:30 - 13:30 und 19:45 - 21:30 Uhr.
Plätze im Restaurant: 85.
Ruhetag: keiner.
Betriebsferien: In den Monaten Januar und Februar.
Freizeit und Erholung: Reiten, Besichtigung der umliegenden Schlösser (z. B. Saumur, Brissac).
Geschäftsführung: Stephane Cateux.

Das kleine Schloss »Le Prieuré« liegt etwa sieben Kilometer von der berühmten Stadt Saumur entfernt in einem herrlichen Park oberhalb der Loire mit altem Baumbestand. Es wurde im 12. Jahrhundert erbaut, war – wie der Name aussagt – ursprüng-

lich eine Abtei und birgt eine Vielzahl von Schätzen aus vergangenen Epochen; jeder Raum der Prieuré gleicht mit seinem wertvollen Mobiliar im Stil des 17. und 18. Jahrhunderts einem kleinen Museum. Und von den meisten Räumen aus hat man einen herrlichen Blick ins Tal der Loire.

Die Prieuré gehört zu jenen Häusern, in denen nicht schlicht zu Abend gegessen, sondern feierlich diniert wird - und man lässt sich viel Zeit für die Auswahl und Zusammenstellung des Menüs, zumal der Blick von den Terrassen immer wieder hinunter über die Weite der malerischen Landschaft schweift. Wenn sich das Auge endlich satt gesehen hat, wäre es an der Zeit, auch an den Magen zu denken. Eine gute Wahl ist die Suprême de pintade pôlé (mit einer Soße aus Sommertrüffeln). Sehr lecker sind auch die Croustillants de volaille und die Médaillons de veau à la verveine citronelle et gingembre. Die Karte ist ungewöhnlich umfangreich, so dass es hilfreich sein könnte, sich durch den Oberkellner ein paar Vorschläge zur Menüzusammenstellung unterbreiten zu lassen.

Dort, wo die Klosterbrüder der Prieuré einst Wasser aus dem 45 Meter tiefen Brunnen im Keller heraufkurbeln mussten, lagern heute mehr als 3500 Flaschen Wein, übrigens nicht nur von der Loire. Bei den gelegentlich hier durchgeführten Weinproben kommen auch Besonderheiten von der Rhône, von der Garonne oder aus Spanien zur Verkostung. Im Sommer finden in der Prieuré Cocktailkonzerte und Musikabende mit bekannten Künstlern statt - zusätzliche Akzente eines erlebnisreichen Aufenthalts.

LA RUBANERIE
F-67570 LA CLAQUETTE / SCHIRMECK
(BAS-RHIN)
TEL. 0033 388 97 01 95
FAX 0033 388 47 17 34

Anreise: Von der D392 (Strasbourg–Saint Dié) kommend, biegt man bei Rothau in Richtung Schirmeck-La Claquette ab. Nach dem Bahnübergang zweimal rechts halten; die Einfahrt zur Mühle ist sehr schmal.
Entfernung von St. Dié 40 km, Strasbourg 52 km, Colmar 60 km.
Kreditkarten: Euro/Master, Visa, DC, Amexco.
Zahl der Zimmer: 16.
Zimmerpreise: 44 bis 69 Euro.
Parkmöglichkeiten auf dem Gelände neben dem Haus.
Warme Küche: 19:00 - 21:30 Uhr.
Plätze im Restaurant: 32.
Ruhetag: Montag.
Betriebsferien: Das Restaurant hat vom 15. November bis 31.März geschlossen
Freizeit und Erholung: Sauna, Swimmingpool, Ausflüge in die Umgebung des Elsass.
Besitzer: Mme. Spach & Fille.

Wenn Sie Ihren Fuß auf die Schwelle des Hauses setzen, haben Sie das Gefühl, in Großmutters guter Stube zu Besuch zu sein: Ein Idylle ganz im Stil der späten zwanziger oder frühen dreißiger Jahre prägt das Ambiente dieser Mühle, die im 19. Jahrhundert einer Leinenweberei als »Kraftwerk« diente. Zuvor war sie eine

Hammerschmiede (la claquette: das Geklapper), deren Ursprünge auf das 14. Jahrhundert zurückgehen. Die auf die Herstellung von Baumwoll- und Leinenbändern spezialisierte »Rubanerie«, gebaut 1835, hat man vor vielen Jahren abgerissen; geblieben ist der Mühlenbetrieb, der 1980 von der Urenkelin des Gründers in ein kleines Hotel umgewandelt wurde. Noch immer befindet sich das Haus in Familienbesitz. Mutter und Tochter Spach führen den Betrieb mit Liebe und persönlichem Engagement.

Die sehr ruhige Umgebung, in der heute nichts mehr lärmt oder klappert, und die Nähe der Vogesen machen die Auberge »Rubanerie« zu einem idealen Urlaubsquartier für Erholungssuchende. Aber man kann hier auch sehr gut essen, denn zum Haus gehört ein kleines, ebenfalls im traditionellen Stil eingerichtetes Restaurant, das man durch die Wohnstube des Hauses betritt. Die Menüpreise bewegen sich zwischen 22 und 39 Euro, wobei sich der Küchenchef noch am Vortag nicht festlegt, was er seinen Gästen anbietet. »La suggestion« heißt die Formel, nach der gespeist wird – und die Vorschläge, die sich vielfältig variieren lassen, sind verlockend, so zum Beispiel die Feuilletée aux oefs brouillés. Man kann auch – was der Frankreichreisende eigentlich selten findet – einfach eine Portion Schinken mit Butterbrot bestellen, wie in einem westfälischen Dorfgasthaus, nur sollte man dazu auch einen Krug mit kühlem Pinot Noir vor sich haben. Nicht mehr als sieben Weine stehen auf der Karte (immerhin von der Domaine Wolxheim-Mühlberger), aber mit der gut abgestimmten Auswahl kann sich Madame Spach durchaus sehen lassen.

HOSTELLERIE LE MARÉCHAL
4, PLACE DES SIX MONTAGNES NOIRES,
F-68000 COLMAR (HAUT-RHIN)
TEL. 0033 389 41 60 32
FAX 0033 389 24 59 40
E-mail: marechal@rmcnet.fr
Internet: romantichotels.com/colmar

68

Anreise: Die Autobahn Strasbourg-Mulhouse in Colmar-Sud verlassen, rechts in die Rue Turenne, hinter der Brücke über die Petite Venise links zur Rue St.-Jean. Das Hotel befindet sich auf der linken Straßenseite gegenüber dem Parkplatz.
Entfernung von Basel 65 km, Strasbourg 73 km.
Kreditkarten: Euro/Master, Visa, DC, Amexco.
Zahl der Zimmer: 28 und 2 Apartments.
Zimmerpreise: 75 bis 245 Euro.
Parkmöglichkeiten auf dem Platz vor dem Hotel.
Warme Küche: 12:00 - 14:00 und 19:00 - 21:30 Uhr
Plätze im Restaurant: 80 in drei Räumen.
Ruhetag: keiner.
Betriebsferien: Das Haus hat ganzjährig geöffnet.
Freizeit und Erholung: Besichtigung des alten Stadtkerns, des Dominikanerklosters, des Isenheimer Altars (Matthias Grünewald), des Unterlinden-Museums, des Bartholdi-Hauses.
Besitzer: Roland Bomo.

In der mit historischen Bauwerken reichlich gesegneten Stadt Colmar nimmt das Romantik-Hotel »Hostellerie Le Maréchal« einen besonderen Platz ein. Das Haus ist ein Fachwerkbau-Ensemble aus dem 15. Jahrhundert, typisch für die Architektur

des Elsass und ein Hort der Behaglichkeit. Jedes der fürstlich eingerichteten Zimmer (die Möbel sind im Stil der Epochen Louis XV, Louis XVI und Louis-Philippe gehalten) ist anders ausgestattet, weist Üppigkeit im Komfort auf und trägt den Namen eines berühmten Komponisten. Gilbert Bomo, Gründer des Hotels (es feiert 2002 sein 30jähriges Bestehen) ist ein ausgewiesener Musikliebhaber!

Auch im Restaurant »á l'Echevin« und in den anderen liebevoll dekorierten, in kräftigen Pastelltönen gehaltenen Räumen – werfen Sie auch einen Blick auf die Deckenmalereien! – des Viersterne-Hotels, unter der Leitung des Hausherrn Roland Bomo stehend, genießt der Gast elsässische Gemütlichkeit, die das Flair der Hostellerie bestimmt. Sie diente im 17. Jahrhundert als Privatdomizil des Feldmarschalls de Turenne, woher sich der Name des Hauses ableitet.

Im Elsass versteht man sich auf eine hervorragende Küche, und wohl erst recht im »l'Echevin«. Die Menüs zu 31, 50 und 70 Euro sind ein Erlebnis sowohl für den Gourmet als auch für den Gourmand, wobei ein kräftiges Choucroute nouvelle aux baies de ginièvre grillées natürlich nicht fehlen darf. Im sechsgängigen Valse Gastronomique sind Langustinen-Ravioli und ein klassisches Carré de veau enthalten, und eine Spezialität des Hauses ist auch der Homard en navarin (eine der Überraschungen à la carte). Wer nach dem Käse noch ein Dessert schafft, dem sei das Eis aus Mandelmilch empfohlen.

Der Tourismus sorgt in Colmar mit ihren grandiosen Zeugen mittelalterlicher Baukunst für lebhafte Atmosphäre. Hier wird pausenlos fotografiert, vor allem auch die »Hostellerie Le Maréchal«, die ein Schmuckstück ist, in welchem es unendlich viel zu entdecken, zu bewundern und zu genießen gibt.

L'AUBERGE DE COMBREUX
35, ROUTE DU GÂTINAIS,
F-45530 COMBREUX (LOIRET)
TEL. 0033 238 46 89 89
FAX 0033 238 59 36 19
E-Mail: aubergec@compuserve.com
Internet: www.auberge-de-combreux.fr

Anreise: Von der N60 Orléans-Montargis in Châteauneuf-sur-Loire links auf die D10 abbiegen; nach 11 km in der Ortschaft Combreux liegt die Auberge an der linken Straßenseite.
Entfernung von Orleans 36 km, Montargis 48 km.
Kreditkarten: Euro/Master, Visa, DC, Amexco.
Zahl der Zimmer: 19.
Zimmerpreise: 50 bis 76 Euro.
Parkmöglichkeiten auf dem Platz gegenüber dem Hotel.
Warme Küche: 12:30 - 14:00 und 19:30 - 21:00 Uhr.
Plätze im Restaurant: 34.
Ruhetag: keiner.
Betriebsferien: Das Haus hat ganzjährig geöffnet.
Freizeit und Erholung: Angeln, Segeln, Golf, Reiten.
Besitzer: Mr. & Mme. Gérardot.

Das unter dem Laubdach alter Platanen versteckte und mit Wein bewachsene Haus zeichnet sich durch seine ruhige, abgelegene Lage aus. Einst war die seit mehr als 200 Jahren bestehende »Auberge de Combreux« eine Poststation, als man nach Montargis und Nevers noch die schmalen Wege durch dichte, nach Sonnenuntergang besser gemiedene Wälder benutzen musste – heute ist der Staatsforst von Orléans einer der

größten und zugleich schönsten in Frankreich. Seinetwegen lohnt es sich, Umwege zu fahren und die landschaftliche Schönheit des Etang de la Vallée kennen zu lernen.
In der Umgebung von Combreux gibt es viele alte Schlösser und Herrensitze zu besichtigen, und durch ihre Nähe zur Loire haben sie alle etwas mit dem Thema Wein zu tun.
Die kleine, verschlafen wirkende Ortschaft Combreux – sie hat weniger als 200 Einwohner, aber eine sehr große und eindrucksvolle Kirche – könnte auch irgendwo in Südengland liegen. Steht man vor der Auberge, kommen einem Vergleiche mit Pubs in Sussex oder Kent in den Sinn. Die ehemaligen Stallgebäude, die heute den Gästen zur komfortablen Unterkunft dienen, sind von den Gartenanlagen der alten Auberge eingerahmt; hier nimmt man im Sommer gern das Mittagessen ein. Die warme, gemütliche Atmosphäre des Hauses teilt sich dem Gast vor allem abends mit; man fühlt sich schnell heimisch. Es gibt eine nur kleine, aber gepflegte Karte, auf der die raffinierten Varianten von Foie gras auffallen, ferner Gerichte mit Fisch und vielerlei Gemüse: Das Loiret verfügt nicht nur über zahlreiche, sehr fischreiche Gewässer, sondern ist schließlich auch eine Region mit hoher Gartenkultur.

72

HOSTELLERIE DU VIEUX CORDES
RUE ST.-MICHEL,
F-81170 CORDES-SUR-CIEL (TARN)
TEL. 0033 563 53 79 20
FAX 0033 563 56 02 47
E-mail: vieux.cordes@thuries.fr
Internet: www.thuries.fr

Anreise: Von Albi auf der D600 nach Nordwesten. Am Fuß der Bergstadt Parkplatz aufsuchen und die enge Zufahrt zur Hostellerie (ausgeschildert) erst einmal als Fußgänger erkunden.
Entfernung von Albi 22 km, Toulouse 70 km, Cahors 100 km.
Kreditkarten: Euro/Master, Visa, DC, Amexco.
Zahl der Zimmer: 21.
Zimmerpreise: 43 bis 60 Euro.
Parkmöglichkeiten: Anfahrt nur zum Aus- und Einsteigen gestattet. Den Gästen wird ein spezieller Parkplatz zugewiesen.
Warme Küche: 12:00 - 14:00 und 19:30 - 21:30 Uhr.
Plätze im Restaurant: 50 und 35 auf der Terrasse.
Ruhetag: Das Restaurant hat am Sonntagabend und von November bis Ostern auch am Montag geschlossen.
Betriebsferien: Das Haus hat ganzjährig geöffnet.
Freizeit und Erholung: Besichtigung der Altstadt von Cordes.
Besitzer: Yves Thuriès.

In einer mittelalterlichen Bergstadt wie Cordes, aus der Autos zum Glück weitgehend verbannt sind, befindet sich oben im Kern der Cité eine vor mehr als hundert Jahren eingerichtete Herberge, deren Gemäuer ebenso alt sind wie der bildhübsche Ort selbst. Bei der Auswahl des Dekors für die »Hostellerie de Vieux Cordes« hat man vielleicht sogar ein wenig übertrieben – das Dreisterne-Haus stellt eine Mischung zwischen Museum und Kulissenarrangement für einen Film dar, der im 16. ebenso wie im 18. oder 19. Jahrhundert spielen könnte. Plüsch, Dekor und Chic ergeben indessen eine fröhliche Stimmung, und da der Rahmen gut erkennen lässt, dass er an die 750 Jahre alt ist, braucht man nur wenig Phantasie, um sich das Leben und Treiben zu früheren Zeiten an diesem Ort vorzustellen.

Wenn Jahreszeit und gutes Wetter es erlauben, ist die Reservierung eines Tisches auf der Terrasse des Hauses zu empfehlen. Dort wird das Abendessen über den Dächern der Altstadt auch zu einem Augenschmaus. Es gibt ferner einen kleinen, behaglichen Innenhof mit etwa 30 Plätzen, der ebenfalls zum Diner einlädt.

Das Restaurant der Hostellerie heißt »Tonin Ty« und steht unter der Leitung des begabten Chefkochs Stéphane Fennol. Seine Spezialitäten sind beispielsweise gebratene Ente sowie Lachs in vielen Variationen. Auf Pasteten und verführerische Desserts versteht sich Stéphane aber ebenso gut, und sein Nougat-Eis mit Mango-Caramelsoße darf man als unnachahmlich bezeichnen ... Zu loben ist auch der aufmerksame Service, gewiss über dem Durchschnitt der Branche.

LE CHALET
ROUTE D945 VERS MOULINS,
F-03000 COULANDON (ALLIER)
TEL. 0033 470 46 00 66
FAX 0033 570 44 07 09
E-mail: hotel-chalet@cs3i.fr

74 Anreise: Von Moulins auf der D845 nach Südwesten Richtung Sauvigny; das Haus ist gut ausgeschildert.

Entfernung von Moulins 7 km, Autun 100 km, Bourges 100 km.

Kreditkarten: Euro/Master, Visa, DC.

Zahl der Zimmer: 28.

Zimmerpreise: 62 bis 73 Euro.

Parkmöglichkeiten auf dem Grundstück.

Warme Küche: 12:30 - 14:00 und 19:30 - 21:30 Uhr.

Plätze im Restaurant: 20 im klenen Salon, 60 im großen Salon, 60 auf der Terrasse.

Ruhetag: keiner.

Betriebsferien: 15. Dezember bis 31. Januar.

Freizeit und Erholung: Tennis, Fischen in eigenem Gewässer.

Besitzer: M. Schweizer.

Diese um 1900 erbaute Villa, einst Sommerresidenz einer wohlhabenden Familie aus Paris, könnte den Rahmen für eine Romanhandlung aus jener Epoche abgeben. Alle Räume sind mit Historismus-Möbeln der Gründerzeit bestückt, Kronleuchter und Bilder aus dem Fin de Siècle einbegriffen. Ein wunderschönes Ambiente, das von der Familie Schweizer, die das Anwesen seit

einigen Jahren besitzt, gepflegt wird und viele Gäste zum Wiederkommen veranlasst. Das kleine Städtchen Coulandon hat keine 600 Einwohner und weist eine idyllische Lage abseits der Touristenstraßen auf – erholsamer geht's kaum.

Das zum Haus gehörende Restaurant heißt »Le Montégut« und hat zwei Räumlichkeiten (jüngste Vorschriften in Frankreich schreiben nämlich vor, dass es in Restaurants getrennte Raucher- und Nichtraucherräume geben muss). Besonders gemütlich ist der kleine Salon mit maximal 20 Plätzen. Die Kreationen des Chefkochs Pierre Rechoux – er legt vor allem auf regionale und traditionell zubereitete Gerichte Wert – reichen von einem herrlichen Noisette d'agneau aux artichauts et aux olives bis zu feinen Escalopines de canard aux fruits secs avec quenelles et polenta; als Dessert käme im Sommer ein Erdbeer-Gratin in Frage oder eine Kostprobe von der großen Auswahl raffinierter Schokoladenspeisen. Die von Monsieur Schweizer bevorzugt angebotenen Weine kommen aus Saint-Pourçain und Sancerre.

Das Chalet ist eine gepflegte, man darf sogar sagen noble Herberge mit behaglich eingerichteten Zimmern und einem herrlichen, ausgedehnten Park, der mit seinem altem Baumbestand und einem Fischteich zum Bummeln anregt – genau der richtige Ort, um ein paar Tage auszuspannen und sich verwöhnen zu lassen.

76

AUBERGE DE L'ABBAYE
F-04230 CRUIS
(ALPES DE HAUTE PROVENCE)
TEL. 0033 492 77 01 92
FAX 0033 492 77 01 93

Anreise: Von der N85 Sisteron-Aix-en-Provence (oder Autobahn A 51 nach Süden, Ausfahrt Château-Arnoux) rechts auf die D951 nach Westen abbiegen; die gewundene Bergstraße führt über Mallefougasse Richtung Banon nach Cruis.
Entfernung von Sisteron 25 km, Aix-en-Provence 107 km.
Kreditkarten: Euro/Master, Visa.
Zahl der Zimmer: 9.
Zimmerpreise: 37 bis 70 Euro.
Parkmöglichkeiten in ausreichender Zahl auf dem Platz vor der Kirche.
Warme Küche: 12:30 - 14:00 und 19:30 - 21:30 Uhr.
Plätze im Restaurant: 32 und 24 auf der Terrasse hinter dem Haus.
Ruhetag: Außer in den Monaten Juli und August ist das Restaurant am Sonntagabend und am Montag geschlossen.
Betriebsferien: Das Haus hat ganzjährig geöffnet.
Freizeit und Erholung: Reiten, Paragliding.
Besitzer: Claude und Monique Michel.

Schon die Fahrt über die einsamen Höhen der oberen Provence mit herrlichen Panoramablicken ist ein schönes Reiseerlebnis. Die »Auberge de l'Abbaye« darf als ein Geheimtip für den Provence-Genießer gelten, sie ist eine ehemalige Poststation aus dem 18. Jahrhundert auf der Strecke Digne-Apt-Avignon. Das angrenzende Gebäude, das heute eine kleine Kunstgalerie beherbergt, war die Pferderemise. Die Abtei, der dem Hotel den Namen gab, liegt auf dem höchsten Punkt des Bergdorfcs und stammt aus dem 8. Jahrhundert. Weil das alte Posthaus im Laufe der Zeit baufällig geworden war, hat man es 1990 restauriert, die Räume entsprechen seither modernstem Standard – doch sie strahlen nach wie vor den Charme provencealischer Behaglichkeit aus. Die neun Gästezimmer sind nicht nummeriert, sondern nach Blumen der Region benannt.

In Cruis und Umgebung leben zahlreiche Künstler, deren Werke die Galerie zeigt – Inspirationen vermittelt die Region mehr as genug. Im übrigen bietet ein Spaziergang durchs Dorf Einblicke in unverfälschte historische Bausubstanz der oberen Provence, vor allem ist die alte Kirche einen Besuch wert. Citroën-Liebhaber werden das DS Cabriolet von 1962 bewundern, dem Monique Michels ganze Leidenschaft gehört.

Bernard, seit acht Jahren Cuisinier der Auberge, offeriert das Beste vom Lamm und von der Ente sowie alle kulinarischen Variationen, die sich unter Verwendung von Ziegenkäse (chevre) herstellen lassen. Die Karte ist nicht allzu umfangreich, aber dezidiert – es gibt zwei Menüs zu 16 und 25 Euro – und erfreut besonders die Liebhaber der Knoblauch-Kultur ... Die Weine kommen aus der Region Ventoux, Luberon (Château de l'Isolet) und Mont Caume, überraschen durch milde Fruchtsüße und ihren angemessenen Preis.

HOSTELLERIE BRESSANE
ROUTE DE TOURNUS,
F-71290 CUISERY (SEINE-ET-LOIRE)
TEL. 0033 385 40 11 63
FAX 0033 385 40 14 96
E-mail: hostellerie.bressane@worldonline.fr

Anreise: Von der Autobahn A6 Abfahrt Tournus, dort der D975 Richtung Bourg folgen, über die Saône-Brücke und durch den Ort Lacrost. Nach 4 km Ortseinfahrt Cuisery; das Haus liegt an der rechten Straßenseite neben der Gendarmerie.
Entfernung von Chalon-sur-Saône 29 km, Macon 35 km, Dijon 60 km.
Kreditkarten: Euro/Master, Visa, Amexco, DC.
Zahl der Zimmer: 14.
Zimmerpreise: 38 bis 67 Euro.
Parkmöglichkeiten vor dem Haus.
Warme Küche: 12:00 - 14:00 und 19:30 - 21:00 Uhr.
Plätze im Restaurant: 50 in zwei Räumen.
Ruhetag: Mittwoch und Donnerstagmittag.
Betriebsferien: 18. Dezember bis 22. Januar.
Freizeit und Erholung: Bummel durch die Altstadt mit ihren vielen Buchhandlungen und Antiquariaten; Ausflüge nach Tournus, Cluny, Louhans, Beaune. Golf in La-Salle.
Besitzer: Jean-Françis Beaufays.

Das Haus war einst das »Buffet de la Gare«, erbaut um 1865 – inzwischen steht dort, wo die Bahngäste in der Dampfära ein- und ausstiegen, das Gebäude eines Gendarmeriepostens, und Gleise sieht man nirgendwo mehr. Nachdem die Bahnhofswirt-

schaft in den 1930er Jahren abgebrannt war, entstand an gleicher Stelle ein neues Haus, wobei viel Material, so auch die Steinfußböden im Erdgeschoss Wiederverwendung fanden. Auch die alte Eingangstür war erhalten geblieben und führt heute in den Garten der »Hostellerie Bressane«.
Das Hotel ging im Verlauf von 130 Jahren duch die Hände von fünf Besitzern, ehe es 1997 von Jean-Françis Beaufays und seiner Frau erworben wurde. Der Chef gehört zu den »Maîtres Cusinier de France« und hat unter anderem in großen Häusern in Asien und Nordafrika gearbeitet, ehe er sich seinen Wunsch erfüllte und ein kleines, altes Hotel kaufte, um sich selbständig zu machen. Dass dies gerade in Cuisery war, kam seiner Leidenschaft für alte Literatur entgegen: Es ist der Ort mit den meisten Buchhändlern und Bouquinisten Frankreichs (bezogen auf die Zahl der Einwohner): Es sind 16, und an jedem ersten Sonntag im Monat ist die gesamte Altstadt ein einziger großer Büchermarkt, der Besucher aus ganz Frankreich anlockt. Nach erfolgreicher Jagd auf kostbare Folianten sollte man seinen Triumph bei einem Gâteau de foies blonds de Bresse, einem Pigeonneau du Louhannais oder einem Filet de Lièvre au poivre noir feiern – Spezialitäten des Hauses, die wie das Mandelsabayon oder der Apfel im Lebkuchenteig zum Nachtisch mit Liebe und Fantasie zubereitet werden. Die Preise sind durchweg mäßig, und Freunden bodenständiger Küche sei das Menu Terroir zu knapp 20 Euro empfohlen. Rote und weiße Burgunderweine, ein spritziger, herber Crémant (aus Chardonnay- und Alligoté-Trauben) und der beliebte Macon Villages sowie jede Menge Digestifs vervollständigen Beaufays' Angebot. Und haben Sie schon mal einen Vervey Jaune de Velay probiert? Hier bietet sich Ihnen die Gelegenheit dazu.

CHÂTEAU DE DIVONNE
F-01220 DIVONNE-LES-BAINS (AIN)
TEL. 0033 450 20 00 32
FAX 0033 450 20 03 73
E-Mail: contact@chateau-divonne.com
Internet: www.chateau-divonne.com

Anreise: Nahe der Grenze zur Schweiz gelegen, deshalb empfiehlt sich die Anreise über die Autobahn Lausanne-Genf, Ausfahrt Coppet (3 km) Richtung Gex auf der D984C.
Entfernung von Gex 8 km, Nyon 14 km, Genf 25 km.
Kreditkarten: Euro/Master, Visa, DC, Amexco.
Zahl der Zimmer: 30 Zimmer und Suiten.
Zimmerpreise: 98 bis 340 Euro: Halbpension p.P. 78 Euro zum Zimmerpreis.
Parkmöglichkeiten ausreichend auf dem Gelände.
Warme Küche: 12:30 - 14:00 und 19:15 - 22:00 Uhr.
Plätze im Restaurant: 120 in drei Räumen.
Ruhetag: keiner.
Betriebsferien: Das Haus hat ganzjährig geöffnet.
Freizeit und Erholung: Aquagymnastik, Tennis, Musikabende im Schloss; Besuch der Schlösser in der Umgebung: Coppet, Ferney-Voltaire, Nyon, Abbaye de Bonmont.
Besitzer: Bernard Urbain.

Ein elegantes Hotel der oberen Preis- und Komfortkategorie, Mitglied der »Small Luxury Hotels of the World« und in der Kette »Esprit de France«. Das im klassizistischen Stil eingerichtete Haus hat wirklich etwas zu bieten – nicht nur eine schöne Aussicht auf das Alpenmassif hinter dem nahen Genfersee, son-

dern eine Geschichte, die bis zum Jahre 1419 zurückreicht. Eroberungen seitens zahlreicher Armeen wechselte sich ab; mal waren es Truppen aus Bern, dann aus Savoyen, schließlich vereinnahmte Napoléon Bonaparte das mehrfach zerstörte und immer wieder schöner als zuvor aufgebaute Château im Jura. Der Bonaparte-Feldherr wohnte mehrmals im Château de Divonne. 1860 erfolgte unter Louis-Marie-François II eine Erweiterung der Anlagen, und das Haus blieb im Besitz dieser aristokratischen Familie bis 1945.

Kurz nach dem Kriege wurde das Haus unter dem neuen Besitzer Marcel Anthoniaz in ein Luxushotel umgewandelt. Nach seinem Tode im Jahr 1976 ging es in den Besitz der Gemeinde über, die es bis 1984 verwaltete, damit aber auf Dauer doch überfordert war. So trägt heute René Traversac die Verantwortung für das noble Haus.

Was Matthieu Fontaine als Chefkoch zu bieten hat, entspricht dem Anspruch des Hause. Das Persil d'escargots de Bourgogne et pieds de cochon auf Cannelloni ist eine verwegene, aber gekonnte Kombination, ebenso seine Cépe farci de canard et copeaux de fois gras, jeunes pousses d'épinard et jus de gibier – unmöglich zu behalten, aber auf der Karte wiederzuentdecken. Verführerisch die Variation von kleinen Schokoladendesserts, die bei keinem der Menüs fehlen darf (deren Preise sich zwischen 46, 50 und 84 Euro bewegen). Wer à la carte speist, hat bei vielen Gerichten die Auswahl zwischen einer (kleinen) Portion »gourmet« oder einer (großen) Portion »gourmand«. Das reizt zum Probieren verschiedener Vor- und Hauptspeisen. Die Weinkarte ist sehr umfangreich, und da man im Schloss regelmäßig Weinproben-Abende veranstaltet, kann man sich vorstellen, dass die Auswahl entsprechend groß ist.

HOSTELLERIE DU MOULIN DE LA FOUX
CHEMIN DE LA FOUX,
F-83330 DRAGUIGNAN (VAR)
TEL. 0033 498 10 14 14
FAX 0033 494 68 70 10
E-mail: catherine.fiaschi@wanadoo.fr

82 **Anreise:** Die Autobahn nach Aix bei Draguignan verlassen, auf der N555 zum Verkehrskreisel von Trans (Einkaufsmärkte); kurz vor der Renault-Vertretung rechts einbiegen, nach 50 m Einfahrt zur Mühle. Sie ist gut ausgeschildert.
Entfernung von Draguignan 5 km, Autobahn Nice-Aix-en-Provence 12 km.
Kreditkarten: Euro/Master, Visa, DC, Amecxo.
Zahl der Zimmer: 26.
Zimmerpreise: 48 Euro.
Parkmöglichkeiten auf dem angrenzenden Grundstück neben dem Haus.
Warme Küche: 12:15 - 14:00 und 19:30 - 23:00 Uhr.
Plätze im Restaurant: 46, auf der Terrasse 40.
Ruhetag: Das Restaurant hat Sonntagabend geschlossen.
Betriebsferien: Das Haus hat ganzjährig geöffnet.
Freizeit und Erholung: Tennis, Minigolf, Ausflüge in die Berge und zu den Grotten von Saint Cézaire (15 km), Besichtigung der Altstatdt von Draguignan.
Besitzerin: Cathérine Fiaschi.

Dieses Haus liegt in der Nähe der großen Ost-West-Verkehrsachse des Departements Var, aber die geschützte Lage in einer Senke am Fluss lässt den Verkehrslärm nicht bis hierher drin-

gen. Die Hostellerie war einst eine Ölmühle, erbaut im 16. Jahrhundert. Foux bedeutet »Narren«, aber so heißt auch die Gegend hier. Man könnte den Namen der Mühle also mit »Narrenmühle« übersetzen, Vor etwa hundert Jahren funktionierte man das Anwesen zu einer Seifensiederei um; den Rohstoff lieferten ebenfalls die in dieser Region so reichlich wachsenden Oliven. Ein Hotel ist das Haus erst seit den 1960er Jahren.
Die Hostellerie macht den Eindruck, als sei sie ein wenig heruntergekommen; sie hätte hier und da etwas frische Farbe, neue Teppiche und Tapeten verdient. Dennoch verfügt die Hostellerie über den Reiz einer gutbürgerlichen Herberge alten Stils und bietet auch den Komfort, den man erwartet. Im Frühstückssalon befinden sich noch viele Elemente alter Mühlenmechanik, und das Rauschen des Mühlbachs hinter dem Haus kündet von der Romantik vergangener Zeiten. Nur stört heute kein Mühlradklappern mehr den Schlaf der Gäste.

Im dazugehörigen Restauarnt »La Truite Dorée« gleich nebenan wird für das leibliche Wohl des Gastes bestens gesorgt. Zum Menu Provençal zu 25 Euro mit der Pastete Truite dorée passt eine Flasche vom Rouge Maison, das ist ein milder Côte de Provence zu 14 Euro. Das Menu Terrroir mit seiner Tarte de ratatouille steht mit 22 Euro auf der Karte, das sehr viel üppigere Menu de Soleil kostet 28 Euro. A la carte empfiehlt sich die Brouillade des truffes zu 22,50 Euro. Aber auch Gäste, die Halbpension gebucht haben (das Minimum sind hierfür drei Übernachtungen), werden für 66 Euro pro Tag mit einer Auswahl an regionaltypischen Gerichten kulinarisch trefflich verwöhnt. Vertrauen Sie den Kreationen des Kochs!

LA VERNIAZ ET SES CHALETS

NEUVECELLE-EGLISE,
F-74500 EVIAN-LES-BAINS (HAUTE-SAVOIE)
TEL. 0033 450 75 04 90
FAX 0033 450 70 78 92
E-mail: verniaz@relaischateaux.com

84 Anreise: Über Vevey und Montreux (Schweiz). In Evian links auf die D24, dann rechts auf die kurvenreiche D24 und den Schildern nach Le Verniaz folgen.
Entfernung von Montreux 33 km, Genf 43 km.
Kreditkarten: Euro/Master, Visa, DC, Amexco.
Zahl der Zimmer: 35.
Zimmerpreise: 98 bis 336 Euro.
Parkmöglichkeiten auf dem Grundstück.
Warme Küche: 12:00 - 14:00 und 19:30 - 22:00 Uhr.
Plätze in zwei Restaurants: 80.
Ruhetag: Dienstag (außer in den Monaten Juli und August).
Betriebsferien: In den Monaten November bis 15. Februar.
Freizeit und Erholung: Eigener Tennisplatz, Wassersport auf dem Genfer See (5 min), Reiten, Golfplatz 2 km.
Besitzer: Marcel Verdier.

Welch ein Platz für Genießer! Das Gästebuch des »La Verniaz« verzeichnet die Namen vieler prominenter Gäste, die sich hier verwöhnen ließen – von Charlie Chaplin bis zum Emir von Kuwait, von der Königin von Portugal bis Peter Ustinov.
Die interessante Geschichte des Hauses beginnt bei einem gewissen Auguste Florinetti aus Graubünden. Mit dem Geld, das er als Haushofmeister beim Zaren in St. Petersburg verdient

hatte, kaufte er sich 1913 einen alten Bauernhof am Genfer See, 500 m oberhalb von Evian-les-Bains. Seinen Lebensabend als Hotelier zu verbringen erschien Florinetti jedoch interessanter als Rinder zu züchten, und so wandelte er 1919 die »Ferme La Verniaz« in ein Hotel um, baute ein zweites Haus dazu und verstand es, der Konkurrenz in Evian viele Gäste abzuziehen. 1930 übernahm der Gastronom Jean Verdier, der Vater des heutigen Besitzers, das Haus.

Das Anwesen ist zweifellos eines der schönsten in der Kette »Relais & Châteaux«. Die liebevolle Einrichtung aller Räume mit antikem Mobiliar, das anheimelnde Ambiente und die francoschweizerische Gastfreundschaft schaffen eine Atmosphäre, der sich kein Gast zu entziehen vermag.

Für das leibliche Wohl ist bestens gesorgt: La Verniaz ist die Geburtsstätte der berühmten Chaîne des Rôtisseurs! Auf offenem Kaminfeuer Gegrilltes ist eine Spezialität Marcel Verdiers, auch sind seine Fischgerichte sehr zu empfehlen sowie als Dessert ein Kirschsoufflee, das allein schon die Reise lohnen würde. Ein gründliches Studium hat die Weinkarte (die Preise liegen vermutlich unterhalb Ihrer Erwartung) verdient, sie ist auf savoyardische Regionen abgestellt. Ein Roter von der Prieuré Saint-Christophe passt bestens zum zarten Lammkotelett, zu den Fischgerichten ein Roussette de Marestel oder der preisgekrönte Chignin Bergeron aus dem Hause Belluard Père et Fils.

MOULIN DE LA CAMANDOULE
CHEMIN NOTRE DAME DES CYPRÈS,
F-83440 FAYANCE (VAR)
TEL. 0033 494 76 00 84
FAX 0033 494 76 10 40
E-mail: moulin.camandoule@wanadoo.fr

Anreise: Von Draguignan auf der D19; in Fayance nicht rechts in die Ortschaft einbiegen, sondern nach dem Stoppschild geradeaus weiterfahren. 50 Meter nach der Möbelhandlung Gaziello führt ein kleiner, blauer Wegweiser zur Moulin de la Camandoule, deren Grundstückszufahrt von hohen Zypressen gesäumt ist.
Entfernung von Draguignan 33 km, Grasse 28 km.
Kreditkarten: Euro/Master, Visa, DC, Amexco.
Zahl der Zimmer: 11.
Zimmerpreise: 54 bis 152 Euro.
Parkmöglichkeiten vor dem Gebäude.
Warme Küche: 12:30 - 14:30 und 19:30 - 22:30 Uhr.
Plätze im Restaurant: 50, auf der Terrasse 40.
Ruhetag: keiner.
Betriebsferien: Das Haus hat ganzjährig geöffnet.
Freizeit und Erholung: Reiten, Wandern, Ausflüge ans Meer und alle Attraktionen der nahen Côte-d'Azur-Städte.
Besitzer: Mr. & Mme. Rilla.

Der gut erhaltene römische Aquädukt, der zur Mühle führt, lässt erkennen, dass dieses Anwesen schon vor 2000 Jahren bewirtschaftet wurde. Die mechanischen Installationen, die dem Haus ein interessantes Flair verleihen, stammen von 1834. Bis

1920 war die Mühle in Betrieb, die 1960 von Helmut Rilla und seiner Frau erworben und zu einem gemütlichen Hotel umgewandelt wurde. Das reizvoll gegliederte Gebäude mit seinen elf liebevoll eingerichteten Zimmern liegt abseits der Touristenstraßen auf einem 4 Hektar großen, parkartigen Grundstück, eingebettet in eine typisch südfranzösische Landschaft mit Pinien, Zypressen und einem Meer von Blumen ringsum. Ein großer Pool mit Gartengrill lädt an warmen Sommerabenden zum Erfrischen und Entspannen ein.

Ein Barbecue ist aber keine Alternative zum Diner im Mühlen-Ambiente. Man kann im Restaurant zwischen alten Mühlsteinen und antiken Ölpressen speisen oder draußen auf der schattigen Terrasse mit Blick auf den Aquädukt. In der Regel stehen drei Menüs zur Wahl (27, 35, 45 Euro), wobei Lammgerichte und Zicklein die kulinarischen Akzente bilden. Sehr empfehlenswert ist die Entenpastete an Artischocken, serviert mit hauchdünnen Lasagnescheiben. Ein raffiniert zubereitetes Süppchen ist auch der Spargel-Cappuccino. An kreativen Einfällen mangelt es der Küche nicht! Bei der Wahl der Weine verlässt man sich am besten auf die Empfehlungen des Hauses – klassische Tropfen aus ganz Frankreich sind vertreten. Samstagabend und am Sonntag zur Mittagszeit ist kaum ein Tisch zu bekommen, und auch die Hektik des Personals lässt es ratsamer erscheinen, die Mühle besser an einem Werktag und außerhalb der Saison zu besuchen – Ihr Aufenthalt erfährt dann größere Aufmerksamkeit und wird zu einem Erlebnis, das noch lange nachklingt.

HÔTEL DU SAUVAGE
27, RUE DE PARIS, F-77320 LA FERTE GAUCHER (SEINE-ET-MARNE)
TEL. 0033 164 04 00 19
FAX 0033 164 20 32 95
E-mail: hotel-du-sauvage@hotel-du-sauvage.com
Internet: hotel-du-sauvage.com

Anreise: An der Strecke von Sézanne nach Meaux (oder umgekehrt) gelegen, liegt die kleine Stadt direkt an der N34. Den Schildern Hôtel de Ville folgen, vom Platz vor dem Rathaus beim Schuhgeschäft nach rechts abbiegen.
Entfernung von Paris 60 km, Chalons-en-Champagne 94 km.
Kreditkarten: Euro/Master, Visa, Amexco.
Zahl der Zimmer: 14.
Zimmerpreise: 40 bis 64 Euro.
Parkmöglichkeiten vor dem Haus auf der Straße, aber Parkscheibe benutzen und einen Prospekt des Hotels sichtbar hinter die Scheibe legen.
Warme Küche: 12:30 - 14:00 und 19:30 - 21:30 Uhr.
Plätze im Restaurant: 12, in zwei weiteren Räumen 25 und 100.
Ruhetag: Mittwoch.
Betriebsferien: Das Haus hat ganzjährig geöffnet.
Freizeit und Erholung: Die Gegend ist reich an Sehenswürdigkeiten, viele Bauernhöfe bieten Besuchern Einblick in ihre Käsereien, etwa die von Levevre (Ferme de Moneuse), auch der Bauernmarkt am Sonntagvormittag ist einen Besuch wert (April bis Ende September).
Besitzer: Florence und Joël Teinturier.

Dass in diesem Haus die Zeit stehen geblieben ist, mag ein erster Eindruck sein, wenn man der historischen Fassade ansichtig wird, auch noch, wenn man die Rezeption betritt (die eigentlich eine Bar ist) und wenn man sich im Restaurant mit seiner antiken Holzbalkendecke seinen Tisch ausgesucht hat. Florence und Joël Teinturier – beide stammen aus Familien mit langer gastronomischer Tradition – haben dieses Haus aus dem 16. Jahrhundert vor einigen Jahren unter großem Aufwand restauriert und dabei vieles im Original belassen, wo immer es möglich war, aber die 14 Gästezimmer darf man als modern und perfekt ausgestattet bezeichnen. Sogar einen kleinen Indoor-Swimmingpool haben die Teinturiers im Hof des Anwesens untergebracht. Die niedrigen Kellergewölbe aus alter Zeit beherbergen dreitausend Flaschen bester Jahrgänge.

Der Weinkenner Joël Teinturier ist aber nicht nur Gastronom geworden, weil schon seine Urgroßmutter das Hôtel de Sauvage (sauvagines – so bezeichnete man einst in dieser Region die Wildenten) geführt hat, sondern weil man ihm eine Passion fürs Fach nachsagen darf. Nicht zuletzt lässt dies die Küche erkennen: Bestellen Sie unbedingt die Suprême de Pintade braisé à l'ancienne oder oefs pochés en Brie: Was man in Frankreich unter »une bonne table« versteht, demonstriert Joël vortrefflich. Folgen Sie seinen Empfehlungen, auch die Wahl des Weines betreffend, und lassen Sie sich überraschen. Einen feinen '98er Bordeaux unter 15 Euro die Flasche – das ist in Ordnung. Allerdings muss der Gast die Wahl seines Digestifs ohne die Hilfe des Patron treffen, und man kann dabei in erhebliche Schwierigkeiten geraten. Die kleine Bar ist nämlich überdurchschnittlich gut bestückt, allein die Auswahl an Whiskysorten ist enorm: Es sind mehr als siebzig!

CHÂTEAU DU VIGUIER DU ROY
RUE DROITE,
F-46100 FIGEAC (LOT)
TEL. 0033 565 50 05 05
FAX 0033 565 50 06 06
E-mail: hotel@chateau-viguier-figeac.com
Internet: www.chateau-viguier-figeac.com

Anreise: Von Aurillac führt die N122 nach Figeac, dort den Schildern Centre Ville folgen, den Stadtring überqueren, danach liegt rechts gegenüber der Place Champollion das Hotel.
Entfernung von Aurillac 64 km, Cahors 69 km, Toulouse 145 km.
Kreditkarten: Euro/Master, Visa, DC, Amexco.
Zahl der Zimmer: 21 Zimmer und 4 Suiten.
Zimmerpreise: 130 bis 385 Euro.
Parkmöglichkeiten auf dem Schlossplatz oder in der Garage (10 Euro p.N.).
Warme Küche: 12:30 - 13:30 und 19:00 - 21:00 Uhr.
Plätze im Restaurant: 60.
Ruhetag: keiner.
Betriebsferien: Das Haus hat ganzjährig geöffnet.
Freizeit und Erholung: Besichtigung der Altstadt von Figeac, Ausflüge zu den Schlössern und Weingütern der Region.
Geschäftsführung: Anne Secordel-Martin.

Die Ursprünge des imposanten »Château du Viguier du Roy« gehen auf das 12. Jahrhundert zurück. In seiner wechselvollen Geschichte wurde das Schloss wie die kleine Stadt Figeac (9500 Einwohner) mehrfach zerstört und wieder aufgebaut, dadurch

ergaben sich Erweiterungen im 14. und später noch einmal im 18. Jahrhundert. Kleine Gärten und Terrassen lockern das Ensemble auf. Die gotische Schlosskapelle mit ihrem Gewölbe ist einer der ältesten Teile des Château. Alle Gästezimmer – von einigen hat man einen herrlichen Blick auf die Altstadt von Figeac – sind sehr großzügig geschnitten, mit antikem Mobiliar ausgestattet (das Himmelbett gehört dazu) und weisen einen hohen Komfortstandard auf. Die engen Altstadtgassen um das Hotel haben ihren mittelalterlichen Charakter weitgehend bewahrt und geben dem Château – das erst im März 1994 seinen Dornröschenschlaf beendete und in ein Viersterne-Hotel umgewandelt wurde – einen angemessenen Rahmen.

Das Restaurant des Hauses trägt den Namen »La Dinée du Viguier« und beschränkt das gastronomische Angebot auf drei hochrangige, fast täglich variierende Menüs zu 23, 35 und 66 Euro. Bei der Vielzahl der Spezialitäten der Region empfiehlt es sich, den Vorschlägen des Oberkellners zu folgen. Auch kommt täglich frischer Fisch aus dem Lot ins Haus. Die Weinkarte ist umfangreicher als die manch vergleichbarer Häuser, und wer in Entscheidungsnot gerät, folgt bei der Wahl auch hier am besten den Empfehlungen des Hauses. In Anbetracht der vorzüglichen Küche, des verführerischen Dessertwagens und der Köstlichkeiten aus dem Keller lässt sich verschmerzen, dass der Rechnungsbetrag ein wenig höher als erwartet ausfällt.

HÔTEL DE LA POSTE ET DES VOYAGEURS
F-48170 L'HABITARELLE / CHÂTEAUNEUF-DE-RANDON (LOZÈRE)
TEL. 0033 466 47 90 05
FAX 0033 466 47 91 41
Internet: www.hoteldelaposte48.com

Anreise: Von Mende nach Langogne auf der kurvenreichen N88, gleich hinter Châteauneuf-de-Randon führt die Straße durch l'Habitarelle.
Entfernung von Châteauneuf-de-Randon 2 km, Mende 28 km, Montpellier 200 km.
Kreditkarten: Euro/Master, Visa.
Zahl der Zimmer: 16.
Zimmerpreise: 42 bis 70 Euro.
Parkmöglichkeiten vor dem Haus.
Warme Küche: 12:30 - 14:00 und 19:30 - 21:30 Uhr.
Plätze im Restaurant: 70.
Ruhetag: Donnerstagabend und Sonntagmittag hat das Restaurant geschlossen.
Betriebsferien: Das Haus hat ganzjährig geöffnet.
Freizeit und Erholung: Besichtigung der Altstadt von Châteauneuf mit ihrem Guesclin-Museum; Forellenangeln, Reiten, Tennis, Ausflüge in die Umgebung (Lozère wird das »Florida Frankreichs« genannt).
Besitzer: José und Anne-Marie Laurens.

Im wildromantischen Tal des Lot – von diesem Fluss leitet sich der Name Lozère ab – liegen alte, verträumte Städtchen wie Mende, Chanac, Le Bleymard, Le Malzieu, Le Villard, und wenn

man die Nationalstraße 88 ein Stück nach Norden fährt, kommt man nach Châteauneuf-de-Randon. Ein kleiner Ort in 1180 m Höhe mit einer Peripherie, die nichts Historisches vermuten läßt, doch der Kern ist ein gallo-romanisches Bergdorf aus dem 14. Jahrhundert. Hier kam 1380 Bertrand du Guesclin, General unter König Karl V, ums Leben – angeblich, weil er zu kaltes Quellwasser getrunken hatte. Den Gästen des »Hôtel de la Poste« am gleichen Fleck passiert dies heute sicher nicht mehr; ihnen kredenzt man perfekt temperierte Weine zur Tripoux a l'ancienne oder zum Sauté de veaux aux champigons. Wer die regionale Landküche bevorzugt, entscheidet sich für das Menu Terroir zu nur 17 Euro, das inklusive einer opulenten Käseauswahl vier Gänge umfasst. Es werden auch Menüs zu 7,50 und 13 Euro offeriert – mit reichlich bemessenen Portionen! Küchenchef José Laurens hat seine Gäste noch nie enttäuscht.

Die Herberge in l'Habitarelle, ein 80-Seelen-Dorf gleich hinter Châteauneuf, stammt aus dem Jahre 1882 und befindet sich seither in Familienbesitz. Unter dem Dach der alten Posthausscheune nebenan ist die gemütliche Gaststube, im Haupthaus befinden sich die Rezeption, der Salon und die 16 Gästezimmer. Nicht alle Räume sind so antik eingerichtet wie das Restaurant mit seinem bäuerlichen Gerät an den Steinwänden; in den 1960er Jahren hat man das Haus (leider) dem damaligen Trend entsprechend modernisiert. Dennoch strahlt es die Atmosphäre eines alten französischen Gasthauses aus, mit Engagement und Liebe geführt von Anne-Marie Laurens.

FERME DE LA GRANDE COUR
ROUTE D'EQUEMAUVILLE,
F-14600 HONFLEUR (CALVADOS)
TEL. 0033 231 89 04 69
FAX 0033 231 89 27 29

Anreise: Man kommt nicht umhin, die verwinkelte Altstadt von Honfleur zu durchfahren, vom Place Pierre Berthelot aus den Schildern Chapelle Notre Dame de Grace folgend. 100 m hinter der Kapelle befindet sich links die gut ausgeschilderte Zufahrt zur Ferme.
Entfernung von Honfleur 1 km, Le Havre 57 km, Caen 63 km, Paris 200 km.
Kreditkarten: Euro/Master, Visa, Amexco, DC.
Zahl der Zimmer: 15.
Zimmerpreise: 39 bis 61 Euro.
Parkmöglichkeiten auf dem Anwesen.
Warme Küche: 12:30 - 14:00 und 19:15 - 21:30 Uhr.
Plätze im Restaurant: 60, 40 weitere im Garten.
Ruhetag: keiner.
Betriebsferien: Das Haus hat ganzjährig geöffnet.
Freizeit und Erholung: Seefahrerkapelle neben dem Haus; Besichtigung der Stadt Honfleur. Golf, Reiten, Segeln.
Besitzer: Jean-Pierre und Anne Salomon.

Wer die an kulturhistorischen Facetten reiche Hafenstadt Honfleur liebt und kein Quartier in der »Auberge de l'Hôtel de Ville« gegenüber der Lieutenance oder im »Cheval Blanc« bekommen hat, findet eine interessante Alternative ein Stück weiter oben auf jenem Hügel, den die Chapelle de Notre Dame de Grace

krönt. An dieser Stelle, so heißt es, hat Wilhelm der Eroberer 1066 sein letztes Gebet auf französischem Boden gesprochen, bevor er sich nach Britannien aufmachte.
Die »Ferme de la Grand Cour«, keine 100 m hinter der im Jahre 1632 erbauten Kapelle oberhalb der Altstadt von Honfleur, ist ein Platz für Gourmets, die nicht nur wegen der Kochkünste des Maître Salomon und seines Cuisiners Jean-Philippe herkommen, sondern auch das Ambiente der »Ferme de Grand Cour« lieben. Das 1870 erbaute Haupthaus war Bauernhof und Herberge zugleich; das Restaurant war einst die »gute Stube« des Bauern und gleicht einem kleinen Museum: Es verrät die maritimen Neigungen des Patron. Schiffsmodelle und nautisches Dekor aus alter Zeit kontrastieren zur bäuerlichen Ausstattung der Ferme und der Nebengebäude.
Jean-Pierre Salomon und seine Frau Anne geben sich viel Mühe, nicht nur die alte Substanz des Hofes zu erhalten, sondern gute Gastgeber zu sein. Der Patron gehört allerdings nicht zu denen, die jeden Gast mit Handschlag begrüßen. Sein normandisches Bauernblut fließt langsam und ist das gleiche seiner Stammgäste am Tisch nahe dem Eingang, denen er erst einmal schweigend einen Roten kredenzt, bevor er Notiz von anderen Gästen nimmt. Es sind ehemalige Fischer und Honorationen von Honfleur, die zum Abendschoppen heraufkommen. Wer nicht die Geduld aufbringt, bis er an der Reihe ist bedient zu werden, hat die Philosophie des Hauses nicht verstanden. Qualität und auch Quantität des Gebotenen – fragen Sie nicht nach dem Preis: das Menu, das Sie für 16, 20 oder 35 Euro geboten bekommen, würde unten in der Stadt das Doppelte kosten! – entschädigen für lange Wartezeiten. Savoir vivre: dieser Begriff könnte hier entstanden sein.

HÔTEL DU CHEVAL BLANC
4, RUE DE L'ESTRES,
F-52200 LANGRES (HAUTE-MARNE)
TEL. 0033 325 87 07 00
FAX 0033 325 87 23 13
E-mail: info@hotel-langres.com
Internet: www.hotel-langres.com

Anreise: Von der N19 Richtung Dijon führt eine Zufahrt direkt in die Altstadt von Langres. Durch schmale, gewundene Straßen führt der Weg zur Kirche Saint-Martin, man fährt links an ihr vorbei, überquert die Rue Diderot (Vorsicht, Kreuzung schlecht einsehbar) und befindet sich in der Rue d'Estres. Das Hotel liegt 50 m rechts.
Entfernung von Chaumont 40 km, Dijon 70 km, Belfort 139 km.
Kreditkarten: Euro/Master, Visa, DC, Amexco.
Zahl der Zimmer: 10 im Haupthaus, 11 im Gebäude gegenüber.
Zimmerpreise: 51 bis 77 Euro.
Warme Küche: 12:30 - 14:00 und 19:30 - 21:30 Uhr.
Plätze im Restaurant: 56 in zwei Restaurants, 22 auf der Terrasse.
Ruhetag: keiner.
Betriebsferien: Die letzten beiden Wochen im November.
Freizeit und Erholung: Besichtigung der Stadt Langres mit historischen Bauten; Musée d'Art et Histoire, Orgelkonzerte in der Kathedrale, Ausflüge zu den vier Seen, im Sommer zahlreiche Ausstellungen und Festivals.
Besitzer: Yves Chevalier.

Langres ist eine 2000 Jahre alte Festungsstadt und spielt in der Geschichte Frankreichs eine bedeutende Rolle. Hier wurde Diderot geboren, der Schöpfer der französischen Enzyklopädie (1713-1784), und auch Jeanne Mance (1606-1673), Gründerin der Stadt Montreal in Kanada.

Das »Hôtel du Cheval Blanc« befindet sich in einer ruhigen Nebenstraße unweit der nördlichen Stadtmauer und gilt als bevorzugte Herberge britischer Oldtimer-Automobilsten. Wie viele Bauten in der Altstadt von Langres, hat auch das »Cheval Blanc« eine weit zurück reichende Geschichte. Das Gebäude war einst eine Abtei und stammt aus dem Jahre 834; nach der Säkularisierung erwarb ein Zimmermann namens de Huin 1793 das Anwesen und baute es zu einem Gasthaus um.

Gewölbe und Pilaster aus dem 12. bis 14. Jahrhundert, die der Architektur des Hauses ihren besonderen Reiz verleihen, sind typisch für die Zeit der Zisterziernser. Auch in den Gästezimmern vermitteln steinerne Bögen und gewölbte Decken eine mittelalterliche Atmosphäre, zu der farbige Textilien (wie besonders im chambre rouge) einen fröhlichen Akzent beitragen. Im Restaurant »Diderot« zu speisen, ist ein Vergnügen (noch mehr, wenn an lauen Sommerabenden auf der Terrasse unterhalb der alten Kirchenfassade serviert wird). Der Einfallsreichtum des Chefkochs Patrick Durdan, seit zwölf Jahren in Diensten des »Cheval Blanc«, zeigt sich nicht nur in seinen Croûtons de lapin oder seinem Carpaccio vom Lachs und vom Hummer, sondern auch in seinen Desserts, die Gaumen- und Augenweide zugleich sind. Die Weinkarte verzeichnet das Beste von der Loire und aus dem Burgund. Sollten Sie auf einem Bordeaux bestehen, erhalten Sie ihn in einem Cognacglas serviert – pourquois pas?

MAS DE COURAN
ROUTE DE FRÉJORGUES,
F-34970 LATTES (HÉRAULT)
TEL. 0033 467 65 57 57
FAX 0033 467 63 37 56
E-mail: mas.de.couran@free.fr
Internet: www.mas-de-couran.com

Anreise: Von der Autobahn A9 Abfahrt Lattes, dort die D172 nach links. Nach dem Kreisverkehr liegt das Mas de Couran Richtung Montpellier Flughafen und Fréjorgues an der linken Seite.

Entfernung von Lattes 2 km, Montpellier Innenstadt 6 km, Nîmes 40 km.

Kreditkarten: Euro/Master, Visa, DC, Amexco.

Zahl der Zimmer: 18.

Zimmerpreise: 67 bis 80 Euro pro Person

Parkmöglichkeiten auf dem Grundstück.

Warme Küche: 12:30 - 13:30 und 19:45 - 21:30 Uhr.

Plätze im Restaurant: 32.

Ruhetag: Das Restaurant hat am Montag und Dienstag sowie am Samstagmittag und Sonntagabend geschlossen.

Betriebsferien: Das Haus hat ganzjährig geöffnet.

Freizeit und Erholung: In wenigen Minuten ist man am Meer (Palavas, Carnon Plage). Besichtigung des Château de Flaugergues (17. Jahrh.) mit Weinprobe.

Besitzerin: Véronique Gabellier.

Dieses schöne und abseits gelegene Herrenhaus aus dem späten 19. Jahrhundert ist eigentlich kein »mas« (wie man im Sü-

den Frankreichs ein kleineres Bauernhaus zu nennen pflegt) im ursprünglichen Sinne, auch wenn heute es so heißt. Das zwei-ein-halbstöckige Gebäude ist von Weinbergen, Obstgärten und einem kleinen Park (der auch einen Pool hat) umrahmt, an den zwei landwirtschaftliche Anwesen angrenzen; früher bildeten sie zusammen ein großes Hofgut. Angenehm ist der kühle Schatten der Bäume im Park, unter denen man seine Mahlzeit einnimmt, wenn die Sonne des Midi es für den Aufenthalt auf der Terrasse zu gut meint.

Die Einrichtung der Gästezimmer könnte man als »nach Großmutters Art« bezeichnen: Gemütlich, südlich-verspielt, ein wenig rührend. Aber es mangelt durchaus nicht an Komfort. An warmen Sommerabenden wird das Diner im Garten bei Kerzen- und Fackelschein serviert: Romantik pur! Die Küche ist südfranzösisch ausgerichtet mit viel regionalem Gemüse und einer Auswahl an stets frischen Salaten. Lamm, Kaninchen und Fisch haben auch hier Rind- und Schweinefleisch weitgehend abgelöst – die Präferenzen der Gäste in Frankreich haben sich in den letzten zwei Jahren sehr geändert. Hervorragend ist auch die Bourride de boudroie à la Sètoise (lassen Sie sich überraschen!) Die Menüpreise liegen zwischen 17 und 38 Euro.

Exzellent ist die Auswahl an Desserts: Probieren Sie einmal das geheimnisvolle Trou Languedocien! Auch die Weinkarte ist gut bestückt, nicht ausschließlich mit Sorten aus Frankreichs Süden. Auf der Karte stehen zahlreiche Languedoc-Roussillon sowie beste Rhône-Lagen zu vernünftigen Preisen, auch Cahors und viele prominente Namen von der Garonne sind vertreten.

CHÂTEAU DE LIGNY
2, RUE PIERRE CURIE,
F-59191 LIGNY-EN-CAMBRÉSIS (NORD)
TEL. 0033 327 85 25 84
FAX 0033 327 85 79 79

Anreise: In Cambrai links auf die N43 Richtung Bohain; nach 10 km nicht die erste Zufahrt nach Ligny, sondern nach weiteren 1,8 km die zweite wählen (D74). am Ende der Straße links abbiegen. Nach 1 km wieder links, den etwas verwitterten Schildern folgen, die durch die Ortschaft zum Château führen; am Ende vor der T-Kreuzung links in die Hofeinfahrt.

Entfernung von St. Quentin 15 km, Cambrai 20 km, Lille 75 km.

Kreditkarten: Euro/Master, Visa, DC, Amexco.

Zahl der Zimmer: 27.

Zimmerpreise: 84 bis 272 Euro.

Parkmöglichkeiten vor dem Schlosshof im Park.

Warme Küche: 12:30 - 13:30 und 19:30 - 21:30 Uhr.

Plätze im Restaurant: 28, weitere 10 im Kaminzimmer.

Ruhetag: keiner.

Betriebsferien: In der ersten Februarhälfte.

Freizeit und Erholung: Besichtigung des Museums für Archäologie in Cambrai.

Welch eine Belohnung für eine wenig ersprießliche Durchquerung der belgisch-französischen Grenzregion, wenn man schließlich das Château de Ligny gefunden und sich das kleine Schloss, eigentlich eine Art von Festung, für den Abend erobert hat ... Die dicken Mauern, die knarzenden Türen, die alten Holztreppen und die dezenten Klänge der Barockmusik, die aus dem Nirgendwo herüberschwingen, stimmen den Gast auf ein altfranzösisches Herbergserlebnis ein, bei dem nur eins nicht ganz passt: Die Überperfektion des Service, dessen Noblesse für ein kleines Landschloss in dieser doch etwas verlassenen Gegend eine Spur zuviel des Guten darstellt.

Das Château mit seinen behaglichen Räumen wurde erst vor wenigen Jahren in ein Hotel umgewandelt. Generationen von Gelegenheitsbewohnern hatten das Anwesen arg herunterkommen lassen – es bedurfte großer Investitionen, um den auf das Jahr 1130 zurückgehenden Bau wieder habitabel zu machen.
Besondere Erwähnung verdient die Qualität der von Gérard Fillaire geführten Küche. Der Meister des Herdes zelebiert seinen Gästen ein l'Agneau de lait mit acht Gemüsen, das man so bald nicht vergisst, oder eine Morue fraiche salée a la maison, und als Dessert ein Soufflé chaud à la chicorée. Auch das Menu Marché zu 35 Euro ist mit viel Liebe zusammengestellt. Die Weinkarte ist stark auf Loire und Burgund ausgerichtet. Die Zusammensetzung Ihres Frühstücks ordern Sie besser bereits am Abend zuvor – mit allen Extras (die, wenn man sie morgens bestellt, das Personal in Verlegenheit bringen).
Das am Rande des Städtchens Ligny sehr ruhig gelegene, von alten Linden umsäumte Schloss könnte kaum günstiger platziert sein, wenn man auf dem Weg von Brüssel nach Paris oder Rouen Station machen möchte.

HÔTEL LE CROISSANT
PLACE DES ACACIAS,
F-85400 LUÇON (VENDÉE)
TEL. 0033 251 56 11 15
FAX 0033 251 29 03 65

Anreise: Autobahn A83 Nantes-Niort bei der Ausfahrt Ste.-Hermine verlassen und der N137 10 km nach Süden folgen: nach 2 km auf der D50 (links) liegt Luçon. Den Schildern Centre Ville und Les Magnils Reigniers folgen.

Entfernung von La-Roche-sur-Yon 36 km, Nantes 120 km, Poitiers 155 km.

Kreditkarten: Euro/Master.

Zahl der Zimmer: 36.

Zimmerpreise: 21 bis 34 Euro.

Parkmöglichkeiten in hauseigener Garage.

Warme Küche: 12:30 - 14:00 und 19:30 - 21.30 Uhr.

Plätze im Restaurant: 50, im Nebenraum 30.

Ruhetag: In der Zeit von Oktober bis März hat das Restaurant Sonntagabend geschlossen.

Betriebsferien: Das Haus hat ganzjährig geöffnet.

Freizeit und Erholung: Besichtigung der Kathedrale und des Klosters, von Luçon, Bootsfahrten auf dem Kanal.

Das um 1890 erbaute »Hôtel Le Croissant« ist eine Besichtigung wert. Die Inneneinrichtung entspricht in zahlreichen Details dem Stil der vorigen Jahrhundertwende, bis hin zu den Garderobeständern und gusseisernen Heizkörpern, den farbig eingelegten Gläsern in den Türen aus dunklem Holz und dem Mobiliar aus der Gründerzeit, dem die dienstbaren Geister Annie und Jean-Pierre das Hotelsilber entnehmen, wenn ein neues Gedeck aufgelegt wird. Im Korridor zur Küche findet man den Anzeigekasten für die einzelnen Zimmerklingeln – leider sind die Zeiten, in denen der Gast nach dem weißbeschürzten Fille de Chambre läutete, auch im »Hôtel Le Croissant« längst vorüber. Geblieben ist die feierliche Atmosphäre einer verflossenen Epoche, die auch im Restaurant herrscht; niemand würde hier auf die Idee kommen, lauter als notwendig zu sprechen. Man bekommt Ehrfurcht vor dem Geist der Vergangenheit, dem die Chefin – man sieht es ihr an – ein wenig nachtrauert.

Donnerstags kommen im »Croissant« die Mitglieder des örtlichen Rotary-Clubs zusammen. Nicht zuletzt haben sie das Haus wegen seiner traditionellen Küche zu ihrem Stammdomizil gewählt. Die Menüs (von 9,50 bis 34 Euro) beinhalten viele regionale Gerichte, wobei Fisch – der Nähe zum Meer entsprechend – eine wichtige Rolle spielt. Aber das traditionelle Lendensteak oder einen Rinderbraten findet man auf der Karte ebenfalls. Bemerkenswerterweise gibt es eine Speisekarte auch mit deutschem Text. Hier finden Sie einen »Wurstwarenteller« und als Nachtisch »Eis 2 geschmack becher«. Da fühlt man sich wie zu Hause und bestellt als Digestif einen Royal Combier, ein bittersüßer Kaffeelikör, der in dieser Gegend sehr beliebt ist. Bei schönem Wetter kann man auch im idyllisch bepflanzten Hof speisen oder dort den Kaffee zu sich nehmen.

LA BONNE AUBERGE
F-33830 LUGOS (GIRONDE)
TEL. 0033 557 71 95 28
FAX 0033 557 71 94 32

Anreise: Von der Autobahn A63 kommend, Ausfahrt Nr. 20 nach Belin-Beliet (2 km auf der E1), in Richtung Sanguinet abbiegen; nach 3 km erstes Hinweisschild, das rechts zur Auberge weist. 2 km durch den Wald, am Ende links auf die D110, kurz dahinter liegt das Haus rechts an der Dorfeinfahrt mit gekennzeichneter Zufahrt zum Parkplatz.
Entfernung von Bordeaux 50 km, Mont-de-Marsan 72 km, Biarritz 130 km.
Kreditkarten: Euro/Master, Visa.
Zahl der Zimmer: 14, davon 4 im Annex.
Zimmerpreise: 34 bis 60 Euro.
Parkmöglichkeiten auf dem Hotelgrundstück.
Warme Küche: 12:30 - 14:00 und 20:00 - 22:00 Uhr.
Plätze im Restaurant: 60.
Ruhetag: keiner.
Betriebsferien: Im November.
Freizeit und Erholung: Die Strände der Etangs (Cazaux, Sanguinet, Biscarrosse, Parentis) ereicht man in 15 Minuten, den Atlantik in 30 Minuten. Wer das Wassersportparadies Arcachon und andere beliebte Ferienplätze aufsuchen möchte, ohne sich dort auf (vergebliche) Zimmersuche zu begeben, wählt Lugos als ideal gelegenes und preisgünstiges Standquartier.
Besitzerin: Mme. Dorothéanna Hoechstetter.

Die »Bonne Auberge« in Lugos ist ein rund 150 Jahre altes, wenn auch kürzlich nach neuzeitlichen Gesichtspunkten renoviertes Haus mit langer Herbergstradition. Die Fassade verrät zwar nur wenig von der Geschichte der historischen Auberge, doch das Interieur strahlt noch immer die Atmosphäre eines Gasthofes aus, wie er vor hundert Jahren ausgesehen haben mag; Die steile Treppe ächzt, wenn man sie emporsteigt, die Korridore sind eng und verwinkelt – die Zimmer jedoch mit viel Liebe und im farbenfrohen Stil südfranzösischer Landhäuser eingerichtet. Die Übernachtungspreise sind moderat, der Komfort dem entsprechend. Die betagte Witwe Hoechstaetter führt die Auberge in dritter Generation, hat alles im Blick und im Griff und heißt jeden ihrer Gäste persönlich willkommen wenn sie nicht gerade die Zeitung liest, um sich über die Weltlage zu informieren. Ihr Großvater hat das Haus vor 75 Jahren von der Familie Dulaurus übernommen; wie es sich damals präsentierte, zeigt eine antike Postkartenansicht auf der Tageskarte.

Lugos ist ein ruhiges 500-Seelen-Dorf und liegt im Val de Leyre, eine waldreiche, für ihre reine Luft bekannte Region, reich an kulinarischen Besonderheiten aus Fluss, Meer und Forst. Hieraus ergibt sich auch das gastronomische Angebot im gemütlichen Restaurant der Auberge. Die Menüpreise rangieren von 19 bis 30 Euro. Zuständig für das leibliche Wohl sind zwei junge Köche, die ihren Gästen die Spezialitäten der Etangs (wie etwa Austern in diversen Varianten), ein vorzügliches Escaloppe de saumon a la crème d'orseille, hausgemachte Pasteten und eine Auswahl verlockender Desserts zu bieten haben. Als Apéritif empfiehlt sich ein Lillet rouge (der weiße ist ein wenig zu süß und klebrig), und als Digestif natürlich ein würziger Armagnac. Die Weinkarte enhält alle großen Namen aus dem Bordelais.

CHÂTEAU DE MARÇAY
ROUTE D116,
F-37500 MARÇAY-CHINON
(INDRE-ET-LOIRE)
TEL. 0033 247 93 03 47
FAX 0033 247 93 45 33
E-mail: marcay@relaischateaux.fr

Anreise: Von der südlich der Loire entlang führenden D947/D751 von Saumur nach Chinon biegt man an der Kreuzung Chinon-Loudun auf die D759 nach Süden ab. Die Zufahrt nach Marçay ist gut ausgeschildert.
Entfernung von Chinon 6 km, Saumur 30 km, Tours 60 km.
Kreditkarten: Euro/Master, DC, Amexco.
Zahl der Zimmer: 30 und 4 Suiten.
Zimmerpreise: 105 bis 267 Euro.
Parkmöglichkeiten auf dem Schlossgelände.
Warme Küche: 12:30 - 14.0 und 19:15 - 21:30 Uhr.
Plätze im Restaurant: 80.
Ruhetag: keiner.
Betriebsferien: Von Mitte Januar bis Mitte März.
Freizeit und Erholung: Tennisplatz, Swimmingpool.
Besitzer: Philippe Mollard.

Im Verlauf der Religionskriege im 16. Jahrhundert wurde auch das damals wie eine Burg befestigte Schloss des Grafen Gaudin de Ramefort in Marçay, einst eine bedeutende Stadt im Loire-Tal, erheblich zerstört; die Truppen des »Revoluzzers« Geoffroy de le Trémouille nahmen wenig Rücksicht auf historisch wertvolle Substanz. Doch der wichtigste Teil des Anwesens blieb

erhalten – der mit den weitläufigen Gewölben, in denen der Comte de Chinon später seine Weinvorräte einzulagern pflegte. Erst 150 Jahre nach der Zerstörung begann unter Louis XIII der Wiederaufbau des Schlosses, und zum Glück überstand es nahezu unbeschädigt die Wirren der französischen Revolution (1789-94), der so viele andere Anwesen aus der Feudalzeit zum Opfer fielen. Das Château de Marçay kam danach in den Besitz des vermögenden Privatmannes Luc Gilbert, dessen Nachkommen sich von dem Schloss erst 1968 trennten. Drei Jahre später baute man es zu einem Hotel um.

Die ruhige Lage, fernab der großen Durchgangsstraßen, macht das Château de Marçay zu einem Ort der Erholung. Eingebettet zwischen den Weinbergen der Touraine, vermittelt die Lage des Schlosses dem Gast den Eindruck, sich wie »Gott in Frankreich« zu fühlen, zumal Philippe Mollard es verstanden hat, die Überreste der Festung aus dem 16. Jahrhundert und dem daraus entstandenen Schloss mit dem Komfort zu verbinden, den man heute auch in alten Gemäuern schätzt.
Und dass man sich an solchen Plätzen kulinarisch gern verwöhnen lassen möchte, weiß auch der Küchenchef Marc de Passorio. Probieren Sie seine Cocottes d'oefs de caille, den Dos de saumon und vor allem die Soupe de fraises aux nougatine de sésame du pin marmelade de laperau. Natürlich lässt auch die Weinkarte keine Wünsche offen. Entscheidungshilfe: ein Vouvray Château Gondrelle!

CHÂTEAU DE MERCUÈS

F-46090 MERCUÈS / CAHORS (LOT)
TEL. 0033 565 20 00 01
FAX 0033 565 20 05 72
E-mail: mercues@relaischateaux.fr
Internet: www.g-vigouroux.fr

Anreise: Von Cahors auf der D911 bis zum Dorf Mercuès, 1 km hinter der Eisenbahnbrücke nach rechts abbiegen und der Beschilderung folgen.
Entfernung von Toulouse 115 km, Limoges 150 km.
Kreditkarten: Euro/Master, Visa, DC, Amexco.
Zahl der Zimmer: 30 Zimmer und Suiten.
Zimmerpreise: 134 bis 440 Euro; HP 196 bis 300 Euro.
Parkmöglichkeiten auf mehreren Plätzen vor dem Schloss.
Warme Küche: 12:30 - 14:00 und 19:30 - 21:45 Uhr.
Plätze im Restaurant: 80, bis zu 250 im Rittersaal. Kleinere Gesellschaftsräume für 10 bis 50 Personen.
Ruhetag: Montag.
Betriebsferien: Das Haus hat ganzjährig geöffnet.
Freizeit und Erholung: Tennis, Schwimmbad, Reiten, Kajakfahren, Helikopterrundflüge.
Geschäftsführung: René Denègre.

Als Charles de Gaulle im Mai des Jahres 1951 Gast auf dem Château de Mercuès war, hat er diesen Platz als einen der interessantesten der französischen Geschichte bezeichnet. Dabei war das Schloss, dessen Grundfesten auf die Jahre 636-655 datieren, damals nur eine wenig komfortable Bleibe für einen Staatsmann – obwohl die bischöfliche Residenz aus dem 12.

Jahrhundert mit ihren 44 Hektar großem Weinanbaugebiet dem prominenten Gallier an Großartigkeit in nichts nachstand.
Im späten 17. Jahrhundert erfolgte ein Ausbau der Anlagen, dann aber blieb das Schloss mehr als ein Jahrhundert lang unbewohnt. Erst 1861 kümmerte sich ein weiterer Bischof um das Château, Monsignore Grimadas aus Cahors, und er kultivierte auch den Weinbau von Mercuès. In den 1970er Jahren erwarb der Generaldirektor von Simca-Chrysler das Château und wusste mit diesem imposanten Besitz seine Geschäftsfreunde zu beeindrucken. Eine Restaurierung des Schlosses wurde aber erst unter der Regie des jetzigen Besitzers Georges Vigouroux und seinem Geschäftsführer René Denègre (derzeitiger Präsident der Académie des Maîtres d'Hôtel de France) vorgenommen. Die einstige Residenz der Bischöfe von Cahors wurde zu einem Schmuckstück des französischen Mittelwestens.
Die 22 Zimmer und acht Suiten zeichnen sich durch ihre Größe und ihre stilvolle Ausstattung aus. Dicke Mauern, steinerne Treppen und zahlreiche Erker, aus denen man eine herrliche Sicht auf den Schlosspark und das Lot-Tal genießen kann, das romantische Turmzimmer mit seinem Wehrgang, eine hauseigene Kapelle und last not least der immens große Weinkeller sind die Attraktionen eines Besichtigungsrundgangs,
Für die Küche zeichnet seit einigen Jahren Philippe Combet verantwortlich, ein Meisterkoch hoher Reputation. Die Menüpreise rangieren von 49 bis 87 Euro; eine Besonderheit ist das Menu Château (60 Euro) mit einer Bourride de lotte à la coriandre, einem Filet Saint-Pierre au gingembre, einer Suprême canette rôti und einer Gemüseauswahl, die kaum zu übertreffen ist. Die hauseigenen Cahors-Weine sind Spitzenklasse – ein Hinweis, der sich fast erübrigt.

AU BOEUF COURONNÉ
9, PLACE CHARLES DE GAULLE,
F-36290 MÉZIÈRES-EN-BRENNE (INDRE)
TEL. 0033 254 38 04 39
FAX 0033 254 38 02 84

Anreise: Mézières-en-Brenne liegt am Übergang der D43 in die D925. Die Zufahrt zum Hotel ist gut ausgeschildert.
Entfernung von Châteauroux 40 km, Tours 80 km, Limoges 125 km.
Kreditkarten: Euro/Master, Visa, DC, Amexco.
Zahl der Zimmer: 8.
Zimmerpreise: 28 bis 37 Euro.
Parkmöglichkeiten auf dem Platz vor dem Hotel.
Warme Küche: 12:00 - 14:00 und 19:30 - 21:30 Uhr.
Plätze im Restaurant: 30, im Nebensaal 24.
Ruhetag: Sonntagabend und am Montag hat das Restaurant geschlossen.
Betriebsferien: 20. November bis 31. Januar.
Freizeit und Erholung: Musée de la Pisciculture, Ausflüge in die Wälder und zu den Seen der Brenne; Radtouren, Angeln, Besichtigung der umliegenden Schlösser und Kirchen.
Besitzer: Brigitte und Bernard Brossier.

Die Region Brenne sei ein wildes Land, sagen ihre Bewohner, mit undurchdringlichen Wäldern, Tieren zum Fürchten und vierschrötigen Bauern. Zugleich aber ist es eine Gegend großer kultureller (gallogermanischer) Erbschaften, wie die Städte Paulnay, Saulnay, Sainte-Gemme und St.-Michel-en-Brenne verraten. In diesem großen Natur- und Kulturpark liegt Mézières

als historischer Mittelpunkt, gegründet im 10. Jahrhundert. Nicht ganz so alt, nämlich »nur« 360 Jahre, ist das Haus, in dem sich die Herberge »Au Boef Couronné« befindet, ab 1850 eine Poststation mitten im Ort. Das hölzerne Portal, durch das einst die Kutschen einfuhren, um ihre Gäste aussteigen zu lassen, verschließt heute einen paradiesischen Innenhof. In den acht kleinen, verwinkelten Zimmern hat sich bis auf die Installation von Badezimmern und den Einbau von Resopalmöbeln (sei's drum) im Laufe der Zeit nicht viel verändert; man könnte sich vorstellen, statt der unter dem Fenster vorbeifahrenden Autos das Getrappel der Pferde auf Kopfsteinpflaster zu hören. Abends wird es ruhig an der Place Charles de Gaulle; man kann bei geöffnetem Fenster schlafen.

Es ist ein gutes Zeichen, dass im »Boef Couronné« allabendlich nicht nur Durchreisende, sondern auch die lokale Bourgeoisie zum Essen erscheint – wie in der guten alten Zeit. Madame Brossier kümmert sich um jeden Gast mit Herzlichkeit; den Hausherrn Bernard bekommt man hingegen kaum zu sehen, weil er in der Küche seines Amtes waltet. Etwa, um fünf Rôti de silure aux senteurs de reglisse zur gleichen Zeit fertig zu bekommen, oder ein paar Suprêmes de caille aux cinq poivres ... Eine Spezialität sind seine Quenelles de brochet au beurre und die Zubereitung von Fischen aus den umliegenden Seen. Auch die Käsesorten sind regionaltypisch, wobei der Chèvre heiß und mit Leinsamen garniert auf den Tisch kommt. Comme boisson empfiehlt sich ein Indre-en-Berry oder ein Cher-en-Berry (Valençay), die es als Rot- und als Weißwein gibt, offen oder in wohlgeformten Flaschen. Die Brenne – ein wildes Land? Nach dem zweiten Glas denken Sie darüber sicher anders.

HÔTEL PIOT
7, RUE DES CHARBONS,
F-38650 MONESTIER-DE-CLERMONT (ISÈRE)
TEL. 0033 476 34 07 35
FAX 0033 476 34 12 74
E-mail: hotelpiot@club-internet.fr
Internet: www.hotel-piot.fr

Anreise: An der N75 zwischen Grenoble und Sisteron liegt die Ortschaft günstig am Weg Richtung Côte d'Azur. Im Ort rechts die ansteigende Straße nehmen, Einfahrt links gegenüber der Schule. Das Hotel ist gut ausgeschildert.
Entfernung von Grenoble 33 km, Sisteron 108 km.
Kreditkarten: Euro/Master, Visa.
Zahl der Zimmer: 19.
Zimmerpreise: 30 bis 46 Euro.
Parkmöglichkeiten in ausreichender Zahl auf dem Grundstück hinter dem Haus.
Warme Küche: 12:15 - 14:00 und 19:15 - 21:00 Uhr.
Plätze im Restaurant: 36, auf der schattigen Terrasse 20.
Ruhetag: Sonntagabend und am Montag hat das Restaurant geschlossen.
Betriebsferien: Von Anfang November bis 15. Februar.
Freizeit und Erholung: Wandern und Ausflüge zum Lac de Monteynard (15 Min.) oder zum Botanischen Garten »Terre vivante« in Mens. Im Winter Skilaufen / Gresse-en-Vercors.
Besitzer: Gérard und Patricia Piot.

Wenn Sie die zermürbende Durchfahrt der verkehrsreichen Stadt Grenoble mit ihren unendlich vielen Ampeln und vorstädti-

schen Gewerbegebieten hinter sich gebracht haben, sehnen Sie sich nach Ruhe und Entspannung. Nur noch 35 km bis Monestier-de-Clermont und Sie haben's geschafft. Das heute in der vierten Generation von der Familie Piot geführte Zweisterne-Haus liegt in einem kleinen Park am Rand der Ortschaft und stammt aus der Zeit vor dem Ersten Weltkrieg. Komfort und Ausstattung sind eher bescheiden zu nennen, aber das Haus hat Charakter, und man diniert hier ganz im Stil vergangener Epochen – allein der Speisesaal und der Rauchsalon sind herrliche Relikte aus der Gründerzeit und lassen eigentlich nur gedämpfte Unterhaltung zu. Keineswegs ist Luxus das prägende Element, sondern bodenständige Gediegenheit.

Keine Omnibustouristen frequentieren dieses Haus, sondern überwiegend französische Gäste älteren Semesters, die auf Etikette, Stil und eine unverfälschte regionaltypische Küche wert legen. Im Sommer empfiehlt sich eine rechtzeitige Reservierung. Für das leibliche Wohl sorgt Monsieur Piot, ein leidenschaftlicher Koch, dessen Urgroßvater das Haus 1912 eröffnet hat. Mindestens ebenso gern wie in der Küche betätigt sich der Patron in seinem reichhaltigen Gemüsegarten. Das Menu Terroir zu 18 Euro vermittelt einen Eindruck von dem, was man hier unter ländlicher Küche versteht, wobei der heiße Ziegenkäse im Blätterteig besonders zu empfehlen wäre; aber auch Forelle und Lachs (Geheimtip: Mousse de Saumon aux St. Jacques!) gehören zu Piots Spezialitäten. Unter den Weinen ragen ein samtiger Gamay de Savoie, der Croze Hermitage Chapoutier und der Chatillon en Diois hervor, aber ein Krug des Landweins von der Ardèche (5 Euro der halbe Liter) enttäuscht ebenso wenig. Als Aperitif sollten Sie den spritzigen Divin de Florin probieren.

CHÂTEAU DES VIGIERS
F-24240 MONESTIER (DORDOGNE)
TEL. 0033 553 61 50 00
FAX 0033 553 61 50 20
E-mail: reserevigiers@calva.net
Internet: www.vigiers.com

Anreise: Von der D13 Miramont-Duras rechts auf die D244 nach Monestier. Man biegt auf die D18 nach Eymet ab. 2 km nach St. Philippe die (nicht ausgeschilderte) Abzweigung nach links nehmen. Nach 200 m sehen Sie die Zufahrt zum Château und den Golfplatz.
Entfernung von Bergerac 22 km, Bordeaux 85 km.
Kreditkarten: Euro/Master, Visa, DC, Amexco.
Zahl der Zimmer und Suiten: 22.
Zimmerpreise: je nach Saison 120 bis 252 Euro; Junior Suite 267 Euro.
Parkmöglichkeiten auf dem Gelände.
Warme Küche: 12:30 - 14:00 und 19:30 - 21:30 Uhr.
Plätze im Restaurant: 50, 120 in der Brasserie.
Ruhetag: Das Restaurant hat Dienstag- und Sonntagabend geschlossen.
Betriebsferien: Das Haus hat ganzjährig geöffnet.
Freizeit und Erholung: Golf, Golf, Golf!
Geschäftsführung: Nils Koetsier.

Es gibt mindestens vier Gründe, dieses (nicht ganz einfach zu findende) Château im Périgord zu besuchen: Ein Stück französische Kulturgeschichte »live« zu erleben, ausgiebig Golf zu spielen, ausgezeichnete Weine kennen zu lernen und die Begeg-

nung mit sympathischen Menschen. Die Lage des zu den »Small Luxury Hotels of the World« zählenden Hauses in einem idyllischen Park, in den ein exzellenter Golfplatz integriert wurde, und das 25 Hektar große Anbaugebiet bester Reben sind die Landschaft, in welcher das Château aus dem Jahre 1597 sich wie in ein Märchenszenarium einfügt. Elf mit auserlesenen Antiquitäten ausgestattete Suiten hat das Schloss, elf weitere Zimmer befinden sich in den Dependancen im Park.

Das grandios eingerichtete Haus atmet Geschichte. Es gehörte einst dem Königlichen Richter George Vigiers, war seit der französischen Revolution jedoch völlig heruntergewirtschaftet, ehe es 1989 von Lars Petersson, seinem jetzigen Besitzer, und einigen seiner Freunde erworben, liebevoll restauriert und in ein Hotel umgewandelt wurde. Den 18-Loch-Golfplatz (72 Par) hat der berühmte Profi Donald Steele angelegt. Golfer aus England, USA und vielen anderen Ländern bezeichnen den Platz als einen der schönsten in Europa.

Es gibt ein luxuriöses Restaurant im Hause sowie eine Brasserie mit einer schönen Terrasse unmittelbar am Golfplatz. Beide bieten eine exquisite, regional ausgerichtete Küche, geleitet von Thierry Dumontet, der für seine kulinarischen Kreationen schon etliche Auszeichnungen erhalten hat. Die Menüpreise rangieren von 18 bis 65 Euro. Unter den Weinen, die zur Lage Côtes de Bergerac gehören, wären der klassische Cabernet Sauvignon, ein weicher Cabernet Frane, ein Semillon und ein Merlot hervorzuheben – sie alle tragen das blau-goldene Label »Château de Vigiers« und sind erstaunlich preiswert.

AUBERGE DE LA FONTAINE
F-07560 MONTPEZAT-SOUS-BAUZON
(ARDÈCHE)
TEL. 0033 475 94 50 00
FAX 0033 475 94 53 28

116

Anreise: Von Montélimar auf der westlichen Stadtumgehungsstraße nach Rochemaure und von dort der N102 nach Aubenas folgen; nach 40 km in Pont de Labaume rechts auf die D536. Nach 9 km erreichen Sie Montpezat-sous-Bauzon. Oder 17 km südl. von Valence die N304 nach Aubenas nehmen.

Entfernung von Montélimar 54 km, Valence 104 km, Lyon 215 km.

Kreditkarten: Euro/Master, Visa, DC.

Zahl der Zimmer: 13; ein Studio mit Küche für 2 bis 4 Personen.

Zimmerpreise: 29 bis 50 Euro, günstige HP- und Wochenendarrangements.

Parkmöglichkeiten auf eigenem Platz; Garagen vorhanden.

Warme Küche: 12:30 - 14:00 und 19:30 - 21:30 Uhr.

Plätze im Restaurant: 38.

Ruhetag: Am Freitag und am Sonntagabend hat das Restaurant geschlossen.

Betriebsferien: Das Haus hat ganzjährig geöffnet.

Freizeit und Erholung: Donnerstag Bauernmarkt; Ausflüge zu den Vulkankratern; Besichtigung von Montpézat und des Klosters Mazan, Wassersport auf den Seen Issarlès, Coucouron, St. Martial; Konzerte im Freien.

Besitzerin: Mme. Marquand.

Die »Auberge de la Fontaine« ist ein Platz für Romantiker. Das mehr als 300 Jahre alte Stadthaus in Montpezat-sous-Bauzon - ein Ort mit 700 Einwohnern, eingebettet in eine Landschaft mit vier erloschenen Vulkanen ringsum - hat über die Zeiten hinweg seine architektonischen Reize bewahrt; offenbar widerstand es allen Renovierungsversuchen (nur die Steinböden sind einmal erneuert worden). Mit seinen niedrigen Holzbalkendecken ist die Auberge ein urgemütliches Gast-Haus mit viel Charme. Es existiert in dieser Funktion seit mehr als einem Jahrhundert; vorher lebten hier Kaufmannsfamilien aus der Stadt. Madame Marquand, heute Chefin der Auberge, versteht dem Haus eine private und persönliche Note zu geben; sie liebt Kräuter und Blumen - überrall blüht und duftet es im Haus.

Dort, wo die Ardèche sich durch das vulkanische Gestein windet, gibt es einen ganz ausgezeichneten Wein, wenn es auch keine Marken von Weltrang sind, und sie vertragen es auch nicht, über hunderte von Kilometern »verschleppt« zu werden. Man genießt den Rosé oder den leichten Roten aus dem pichet (Krug) zu einer Magret de canard au miel oder Emincée de gigot d'agneau. Eine Spezialität des Hauses sind die hauchdünnen Omelettes sowie Forellen mit Mandeln. Die Preise sind als recht moderat zu bezeichnen - 18 Euro für das Menu Terroir (sechs Gänge!) zum Beispiel sind mehr als angemessen für das Gebotene.

Die Region bietet viele landschaftliche Reize, so dass es lohnt, hier ein paar zusätzliche Ferientage zu verbringen. Montpezat ist der ideale Ausgangspunkt für eine Reihe interessanter Ausflüge.

AU BON LABOUREUR
15-17, PLACE BOUCAUMONT,
F-58290 MOULINS ENGILBERT (NIÈVRE)
TEL. 0033 386 84 20 55
FAX 0033 386 84 35 52

Anreise: Von der N6 Auxerre-Chalon bei Saulieu nach Südwesten auf die D37 Richtung Château-Chinon abbiegen (49 km). Nach Moulins-Engilbert (16 km) der D37 weiter folgen. Das Haus befindet sich an der Einmündung der Straße zur D295 und zur N37 nach Decize.
Entfernung von Autun 52 km, Auxerre 150 km, Lyon 287 km.
Kreditkarten: Euro/Master, Visa, DC.
Zahl der Zimmer: 23.
Zimmerpreise: 24 bis 54 Euro.
Parkmöglichkeiten auf hauseigenem Platz, in der Garage oder auf der Straße.
Warme Küche: 12:30 - 14:00 und 19:15 - 21:30 Uhr.
Plätze im Restaurant: bis zu 150.
Ruhetag: keiner.
Betriebsferien: In der ersten Januarhälfte.
Freizeit und Erholung: Ausflüge zu den mittelalterlichen Burgen und Schlössern der Umgebung, Bootsfahrten, Angeln, Thermalbäder in St. Honoré.
Besitzerin: Mme. Loreau.

Über vieles hätte der »brave Ackersmann« des 18. Jahrhunderts zu staunen, würde er das Wirtshaus an der Place Boucaumont heute betreten und die Menükarte studieren. Zwar verstand man sich schon damals auf die Zubereitung köstlicher Gerich-

te, die man den per Postkutsche angereisten Gästen servierte, doch das, was Jean-François Broschetti (er darf sich mehrerer hoher Auszeichnungen rühmen) im 21. Jahrhundert im »Bon Laboureur« auf die Teller bringt, sind Gaumenfreuden par excellence. Sein Emincé d'onglet de Charlerois oder seine Etuvée de caille fourrée au fais gras poché au Médoc sind wie die vielen anderen Spezialitäten der Karte dennoch keine Kaloriensünden, denn nach Art der Nouvelle Cuisine sind die Portionen bescheiden. Sich durch die sechs Gänge eines Menu Prestige für nicht mehr als 36 Euro hindurchzufuttern, ist dennoch eine abendfüllende Beschäftigung. Viele gute Weine werden auch glasweise angeboten.

Die ehemalige Poststation an der Strecke von Châtillon-en-Bazois nach Château Chinon liegt mitten in der kleinen Stadt Moulins-Engilbert (1700 Einwohner) und gehört der Familie Loreau seit mehr als siebzig Jahren. 1968 übernahm der Koch und Konditor Jean Loreau das Haus, das seiner Witwe noch heute gehört und das sie ganz im Sinne jener treuen Kundschaft führt, die seit Jahrzehnten immer wieder gern hier einkehrt. Man schätzt die gediegene und nach traditionellen Werten ausgerichtete Art, mit der man als Gast hier empfangen wird – eben wie in der guten alten Zeit. Die Zimmer sind eher schlicht und einfach, das Restaurant aber besticht durch seine gemütliche, fast intime Atmosphäre. Besonders trifft dies für den Petit Salon (mit 16 Plätzen) zu. Vor der Tür der Seitenstraße kann man einen Kaffee, in der Bar frisch zubereitet, ein kühles Bier oder einen Digestif an kleinen Tischchen auf dem Trottoir zu sich nehmen. Auch das hat Stil, nämlich den, wie ihn die Franzosen schätzen. Und sicher nicht nur sie.

ABBAYE DE VILLENEUVE
ROUTE DE LA ROCHE-SUR-YON,
F-44840 NANTES-LES-SORINIÈRES
(LOIRE-ATLANTIQUE)
TEL. 0033 240 04 40 25
FAX 0033 240 31 28 45
E-mail: abbayevilleneuve@aol.com

Anreise: Parallel zur D178, die von Süden nach Nantes führt, verläuft die D178A nach Sorinières. Gleich nach der Abfahrt von der Hauptstraße den Schildern Villeneuve folgen; unmittelbar nach einer Linkskurve liegt die Einfahrt zur Abbaye.
Entfernung von Nantes Zentrum 6 km, Angers 92 km.
Kreditkarten: Euro/Master, Visa, DC, Amexco, JCB.
Zahl der Zimmer: 17.
Zimmerpreise: 69 bis 138 Euro.
Parkmöglichkeiten auf dem Seitenstreifen der Auffahrt zum Hotel.
Warme Küche: 19:30 - 22:00 Uhr.
Plätze im Restaurant: 30
Ruhetag: keiner.
Betriebsferien: Das Haus hat ganzjährig geöffnet.
Freizeit und Erholung: Reiten, Tennis, Golf.
Geschäftsführung: Frédéric Brevet.

Es liegt ein wenig versteckt, dieses bemerkenswerte Anwesen, das von der Herzogin Constance de Bretagne als Abtei gegründet und 1223 nach 22jähriger Bauzeit seiner Bestimmung übergeben wurde. Die Säkularisierung im späten 18. Jahrhundert machte auch vor den Mauern der Abbaye de Villeneuve nicht

halt, und als der letzte Abt die Flucht ergriffen hatte, quartierte sich hier der General Jean d'Estrée ein. Dann erschienen Revolutionäre aus der Vendée, die wenig Respekt hatten vor dem, was sie hier vorfanden – sie demolierten die Abtei, bevor sie weiterzogen, in aller Gründlichkeit. In Villeneuve fanden um 1796 heftige Kämpfe statt, nach deren Beendigung d'Estrée zurückkehrte und die Instandsetzung der Abtei anordnete; aus ihr wurde das Château de Villeneuve, das später eine prominente Familie aus Nantes erwarb, ehe das Anwesen 1974 in ein Hotel verwandelt wurde.

Die alten Mauern und Steinfußböden dieses »Silence Hotel«, die mit wertvollen Gemälden reich dekorierten Wandelgänge und die kostbaren Wandteppiche machen die Abbaye in ihrer heutigen Nutzung zu einem luxuriösen Refugium für anspruchsvolle Gäste. Jedes der großdimensionierten Gästezimmer ist in einer anderen Grundfarbe gehalten; das antike Mobiliar entspricht dem Stil des ganzen Hauses. Fast kommt man sich wie im Märchen vor.

Es dürfte dem Gast, der sich im »l'Epicurien« zum Déjeuner oder Diner angemeldet hat, nicht leicht fallen, sich für eines der reichhaltigen Menüs zu entscheiden (25 bis 48 Euro), die Namen wie Constance, Cisterien, Villeneuve und Prieuré tragen. Eine gute Wahl ist in jedem Fall das Salmis d'agneau au thyme et rosmarin oder der Demi homard Breton rôti a l'estragon. Zum Dessert empfiehlt sich ein Gratin d'abricots Grand-Marnier. Die Käseplatte ist von Pascal Bellevaire, seines Zeichens »Maître Fromagier de France« zusammengestellt. Das sagt französischen Käsekennern durchaus etwas – und Ihnen nach dem Genuss seiner Spezialitäten sicher ebenfalls.

AUBERGE DE LA PETITE FADETTE
PLACE DU CHÂTEAU,
DOMAINE GEORGE SAND,
F-36400 NOHANT-VIC (INDRE)
TEL. 0033 254 31 01 48
FAX 0033 254 31 10 19

Anreise: Von Limoges nach Châteauroux (Autobahn A20) Ausfahrt Argenton-sur-Creuse, von dort der D927 nach La Châtre folgen und weiter nach Norden auf die D943 Richtung Châteauroux. Vor Nohant ist die Domaine George Sand rechts ausgeschildert.
Entfernung von La Châtre 7 km, Châteauroux 31 km.
Kreditkarten: Euro/Master, Visa, DC, Amexco.
Zahl der Zimmer: 9.
Zimmerpreise: 49 bis 107 Euro.
Parkmöglichkeiten auf dem Grundstück.
Warme Küche: 12:00 - 14:00 und 19:30 - 21:30 Uhr.
Plätze im Restaurant: 60.
Ruhetag: keiner.
Betriebsferien: Das Haus hat ganzjährig geöffnet
Freizeit und Erholung: Besichtigung der Domaine Georges Sand, des Bauernmöbel-Museums in Bellefont, der Altstadt mit ihren Museen und der Befestigungen von La Châtre.
Besitzer: Bernard Gabriel Chapleau.

Benannt nach einem Roman der Schriftstellerin Aurore Dupin und Geliebten Frédéric Chopins, besser bekannt unter ihrem Pseudonym George Sand (1804-1876), ist dieses sympathische Hotel ein Teil der »Domäne der sieben Familien« – genau dort,

wo George Sand einst lebte und arbeitete. Aus dem von Philippe Perrochon 1890 erworbenen Haus, in welchem er zunächst einen kleinen Lebensmittelladen einrichtete, entstand 1932 ein Familienrestaurant, das 1957 um eine Terrasse erweitert wurde und jetzt »Le Bon Accueil« hieß. 1960 eröffneten Odette Perrechon, die Enkeltochter des Kaufmanns, und ihr Mann Robert ein 7-Zimmer-Hotel, das gut besucht wurde; seit 1983 gehört das nach und nach um die übrigen Häuser der Domaine erweiterte Anwesen Bernard Gabriel Chapleau. Dank seiner Initiative ist die aus dem 12. Jahrhundert stammende Ansiedlung, von der das Hotel nur einen kleinen Teil darstellt, fachgerecht restauriert worden. Der einstige Koch – die Leitung der Küche obliegt heute seiner Tochter Katy – und Gastronom fand in der Auberge de Petite Fadette die Möglichkeit, einer weiteren Passion zu frönen, nämlich dem Sammeln, Restaurieren und Ausstellen antiker Möbelstücke. Alle Gästezimmer, das Restaurant und der kleine Salon enthalten Kostbarkeiten aus drei Jahrhunderten von musealem Wert.

Katy vermag mit der Qualität ihrer Kreationen durchaus mitzuhalten. Ihr Queue de homard flambé aux cinq baies, die Roulade de langouste oder das Pavé de Bison en gibiier d'amandes, vor allem aber die raffinierten Desserts (Ecureuil de Nohant, Croustillant aux deux chocolats) sind ihre Klassiker. Die Menüpreise: 14, 23 und 38 Euro. Für die Digestifs ist der Hausherr zuständig: seine Spezialitäten stammen vom Château de Laubade – hier werden die besten Armagnacs produziert. Genießen Sie Ihr Glas bei Sonnenuntergang auf der Terrasse vis-à-vis der 1862 erbauten Kirche Ste.-Anne bei der Lektüre eines Romans von George Sand über die Emanzipation der Französin im 19. Jahrhundert – es muss ja nicht in der Originalfassung sein.

HOSTELLERIE DU GÉNÉRAL D'ELBÉE
PLACE DU CHÂTEAU,

F-85330 NOIRMOUTIER-EN-L'ILE (VENDÉE)
TEL. 0033 251 39 10 29
FAX 0033 251 39 08 23
E-mail: general-delbee@wanadoo.fr

Anreise: Die Insel Noirmoutier erreicht man über die Küstenstraße D38 (Les Sables d'Olonne) oder über die D758 von Nantes. Bei Ebbe ist der Weg übers Watt (gois) möglich, die Brücke ist besser. In Noirmoutier den Schildern zum Hafen folgen; das Hotel liegt am Ende des Quai.
Entfernung von Nantes Zentrum 84 km, St. Nazaire 88 km.
Kreditkarten: Euro/Master, Visa, DC, Amexco, JCB.
Zahl der Zimmer: 24 Zimmer und 4 Apartments.
Zimmerpreise: 54 bis 115 Euro.
Parkmöglichkeiten auf dem Platz vor dem Schloss.
Das Haus verfügt über kein Restaurant.
Betriebsferien: 15. Oktober bis 31.März.
Freizeit und Erholung: Besichtigung des Schlosses (Festspiele und Konzerte), Bootsfahrten, Rundfahrten auf der Insel,
Besitzer: Philippe und Olivia Savry.

Dass Maurice Gigost, 1752 in Dresden geboren und im Juli

1783 als »General von der Elbe« (nichts anderes besagt sein Titel Général d'Elbee) vom König wegen Tapferkeit ausgezeichnet, dereinst einem Hotel seinen Namen geben würde, konnte er nicht voraussehen, noch viel weniger seinen Tod in jenem Hause, das seinem Freund Mourain de l'Herbaudière gehörte: Revolutionäre hatten das Refugium des in den Kämpfen bei Cholet schwer verletzten Generals entdeckt, das Haus eines morgens gestürmt und ihn in seinem Fauteuil erschossen.

In dem Haus, in welchem Maurice Gigost von der Elbe ein halbes Jahr lang vor den Republikanern Zuflucht gefunden hatte, entstand in späteren Jahren ein Hotel. Ende des 19. Jahrhunderts wurde es wieder geschlossen und diente einem Kaufmann als Lagerraum, der zum Glück die Räumlichkeiten im ersten Stock mit ihrem wertvollen Inventar unangetastet ließ; als Olivia Savry und ihr Mann Philippe das Haus erwarben, wartete auf sie ein ungehobener Schatz. Die Restaurierungsarbeiten wurden sehr behutsam durchgeführt, so dass man in jedem der Räume den Eindruck bekommt, als sei seit Gigosts Zeiten fast nichts verändert worden. Die Atmosphäre des schönen Eckhauses am Hafen steht in einem angenehmen Gegensatz zum Holidaytourismus rings um das gegenüberliegende Schloss. Es empfiehlt sich, Noirmoutier im Mai/Juni oder im September zu besuchen, um den Charme der Insel ohne lärmende Begleiterscheinungen genießen zu können.

Bedauerlicherweise verfügt die »Hostellerie du Général d'Elbee« über kein Restaurant. Es gibt mehrere Crêperien und Cafés in Noirmoutier-en-l'Ile; Gelegenheit zu einem Diner bieten einige Bistros sowie das Restaurant »de l'Hôtel de Ville« in Hafennähe mit seiner Auswahl preiswerter Fischgerichte, zu denen man einen guten Hauswein bekommt.

LE SAINT ELOI
81, BOULEVARD CARNOT,
F-60400 NOYON (OISE)
TEL. 0033 344 44 01 49
FAX 0033 344 09 20 90

Anreise: Noyon liegt an der N32; den Schildern Centre Ville folgen, hinter der Eisenbahnbrücke vor dem Stadtzentrum den Kreisverkehr umrunden und in den gegenüber liegenden Bvd. Carnot einbiegen, der die Verlängerung der N32 Richtung Lassigny darstellt. Das Hotel ist das Eckgebäude rechts.

Entfernung von Compiègne 25 km, St. Quentin 60 km, Paris 140 km.
Kreditkarten: Euro/Master, Visa, Amexco.
Zahl der Zimmer: 18.
Zimmerpreise: 48 bis 52 Euro.
Parkmöglichkeiten vor dem Hotel auf dem Seitenstreifen, auch im Hof ist Platz für Fahrzeuge.
Warme Küche: 12:30 - 14:00 und 19:30 - 22:00 Uhr.
Plätze im Restaurant: 60 (Seminarraum: 160).
Ruhetag: Das Restaurant hat am Sonntagabend geschlossen.
Betriebsferien: 16. Juli bis 12. August, 26. bis 31. Dezember.
Freizeit und Erholung: Besichtigung der Kathedrale und der Altstadt, Calvin-Haus. Golfplatz 10 km. Das Tal der Oise ist ein historischer Handelsweg und wartet mit vielen alten Baudenkmälern auf.
Besitzer: Mr. Jouve.

Wenn das überdimensionale Hinweisschild am schmiedeeisernen Zaun des Parks nicht wäre, würde man das Hotel für eine

alte Privatvilla halten – und das war dieses Haus vor 70 Jahren auch, ehe es in eine noble Herberge umgewandelt wurde. Nicht allzu nobel, denn sonst hätten es sich die Handelsreisenden in den dreißiger Jahren nicht leisten können, im St. Eloi zu übernachten. Aber das Haus war fein genug, um so manchem General und Feldmarschall im II. Weltkrieg als Quartier zu dienen, mit unterschiedlichen Uniformen, französischen, deutschen und britischen (nacheinander, versteht sich).

Das im Jahre 1901 erbaute Manoir mit seinem schiefergedeckten Dach hat trotz seines wechselvollen Schicksals vom Flair der Gründerjahre nichts eingebüßt, auch der ebenso alte Flügel im Restaurant nicht. Während der Mahlzeiten spielt aber niemand drauf, wie Monsieur Jouve versichert, der sich von dem guten Stück nur nicht trennen mag, weil es halt zur Geschichte des Hauses gehört.

Eine gewisse, vielleicht etwas plüschige Feierlichkeit, die letztenendes aber den Charme des Hauses ausmacht, steht in Kontrast zum flotten, aufmerksamen und gar nicht »gestrigen« Service. Der Gast wird mit Respekt, zugleich mit großer Herzlichkeit verwöhnt und bekommt fürs Geld viel geboten. Die Mehrzahl der Hotelgäste sind keine Touristen, sondern französische Geschäftsleute, laut Monsieur Jouve »kleine Businessmen« – diesem Umstand verdankt die reichhaltige Speisekarte ihre soliden Angebote (Menüpreise zwischen 18 und 36 Euro) und der Wirt wohl auch die Existenz seines Hauses, denn Noyon ist eigentlich kein Ferienort. Aber eine sehr gute Alternativ-Etappe für gen Süden Reisende, die Paris meiden wollen, eine stilvolle und gemütliche Bleibe suchen und die nicht zuletzt ein traditionell geführtes Dreisterne-Restaurant zu schätzen wissen.

HÔTEL LE PARC
169, ROUTE DE OTTROTT,
F-67210 OBERNAI (BAS-RHIN)
TEL. 0033 388 95 50 08
FAX 0033 388 95 37 29
E-mail: leparc@imaginet.fr
Internet: www.hotel-du-parc.com

Anreise: Das Haus liegt in einem Park, wenige Schritte vom Zentrum der Ortschaft Obernai entfernt, das man am besten von der N422 von Séléstat Richtung Norden erreicht.
Entfernung von Séléstat 20 km, Strasbourg 24 km.
Kreditkarten: Euro/Master, Visa, DC, Amexco.
Zahl der Zimmer: 48 Zimmer, 6 Juniorsuiten und 2 Apartments.
Zimmerpreise: ab 90 Euro.
Parkmöglichkeiten auf dem Grundstück.
Warme Küche: 12:30 - 14:00 und 19:15 - 21:30 Uhr.
Plätze in vier Restaurants: 40 bis 120.
Ruhetag: Die Stub hat nur mittags geöffnet und ist auch am Sonntag und am Montag geschlossen.
Betriebsferien: Das Haus hat ganzjährig geöffnet.
Freizeit und Erholung: Offenes und überdachtes Schwimmbad, Sauna, Bowling. Ausflüge zu den Ortschaften und Weingütern die Umgebung; Reiten, Golf (drei Plätze), Tennis.
Besitzer: Monique und Marc Wucher.

Eine ganz einfache Herberge in einem kleinen Park, ein Fachwerkbau aus dem späten 19. Jahrhundert, wie so viele schöne alte Gebäude im elsässischen Obernai – und doch ein Haus im

Stil eines Grand Hotel aus alter Zeit. Der Familienbetrieb »Le Parc« ist nämlich etwas Besonderes, so etwas wie eine gute Stube (mit vier Sternen!) für Gäste, die einen gewissen Luxus möglichst diskret genießen möchten. Und so trägt auch das kleine Restaurant »Stub du Parc« einen Namen, der pures Understatement ist. Hier trinkt man nicht etwa einen guten Wein zum Essen: Hier isst man eine Kleinigkeit zu einem guten Glas Wein. Die »Kleinigkeit« kann ein Mischtkratzerle St. Léonard sein (wie hier die knusprigen Brathendl genannt werden) oder eine Portion Quennelles de brochet au lard, doch der Wein ist in jedem Fall ein trockener Riesling Gisselbrecht-Dambach, ein weicher Tokay Freiberg oder ein kühler Pinot Blanc.

Nicht nur die Stub, sondern auch die drei anderen Restaurants des »Le Parc« mit ihren umfangreichen Karten, die eine Cuisine du Marché versprechen, sind einen Abend (am besten zu zweit) wert. Das Filet d'Empereur rôti sur sauce au rouge d'Alsace ist vielleicht ein phonetischer Zungen-, aber ganz sicher ein Herzensbrecher, und ein Eis aus Mandelmilch darf als perfekter Übergang zu einigen Digestifs gelten, die im Elsass blitzsaubere Brände à la Framboise oder Zwetsch sind. Einige, weil es gar nich bei einem einzigen Gläschen bleiben kann.

Die Behaglichkeit der Stub, der Restaurants, der Bar mit den schönen alten Holztäfelungen findet man auch in den Gästezimmern, insbesondere in den fein ausgestatteten Suiten (man kann für längere Aufenthalte auch ein Apartment unter dem Dach mieten). Monique und Marc Wucher sind erfahrene Wirtsleut', die wissen, wie man Gäste glücklich macht. In ihrem um 1890 erbauten Patrizierhaus, das wegen seiner ruhigen Lage schon vor mehr als 25 Jahren zu einem »Relais du Silence« erklärt wurde, fühlt man sich geborgen. Elsass zum Anfassen.

DOMAINE DES HAUTS DE LOIRE
ROUTE DE HERBAULT,
F- 41150 ONZAIN (LOIR-ET-CHER)
TEL. 0033 254 20 70 43
FAX 0033 254 20 77 32
E-mail: hauts-loire@relaischateaux.fr
Internet: www.dominehauteloire.com

Anreise: Aus Richtung Paris die Autobahn A10 bis zur Ausfahrt Blois, dort auf die N152 (rechts der Loire) Richtung Tours, in Chaumont an der Brücke nach Onzain.
Entfernung von Blois 17 km, Tours 40 km, Orléans 60 km.
Kreditkarten: Euro/Master, Visa, DC, Amexco.
Zahl der Zimmer: 25 Zimmer und 10 Suiten.
Zimmerpreise: 107 bis 457 Euro.
Parkmöglichkeiten auf dem Grundstück vor der Domaine.
Warme Küche: 12:30 - 14:00 und 19:45 - 22:00 Uhr.
Plätze in zwei Restaurants: 70.
Ruhetag: Montag- und Dienstagabend hat das Restaurant geschlossen.
Betriebsferien: 1. Dezember bis 15. Februar.
Freizeit und Erholung: Besichtigung der historischen Stadt Blois; Golf, Tennis.
Besitzer: Pierre-Alain Bonnigal.

Das Tal der Loire übte einst große Anziehung auf jene aus, die es sich erlauben konnten, hier ihren königlichen Vergnügungen nachzugehen, zum Beispiel der Jagd. So entstand auch die »Domaine des Hauts de Loire« als ein Jagdschloss, das sich Charles de Rostaing im Jahre 1684 erbauen ließ. Die Chronik

verzeichnet den Platz als den einer Burg, die hier im 14. Jahrhundert von Hervé de Vauliard errichtet worden war, von der aber im Jahre 1789 nicht mehr viel übrig geblieben zu sein schien, als ein Zeitungsverleger aus Paris das Anwesen erwarb. Charles Louis Panckoucke, aus Flamen stammend, ließ rund ums Haus einen Park anlegen und jene Nebengebäude errichten, in denen die Gäste heute wohnen. Die »Domaine des Hauts de Loire« ist in den Sommermonaten häufig ausgebucht.

Schon die Einfahrt zu Domaine durch eine 300 m lange Allee läßt erahnen, dass an diesem Platz Besonderes zu erwarten ist. In der Tat hat sich das Jagdschloss mit seinem kostbaren Interieur, seinen alten Parkettfußböden und Portalen, Fenstern und Kaminen, mit seinen Bildern und dem wertvollen Mobiliar den Reiz des Rokoko bewahrt, der nicht nur Mietwagenyankees beeindruckt, sondern Kenner und Genießer aus ganz Frankreich, denen man Unrecht täte, sie als Touristen zu bezeichnen. Und die es 150 Euro oder mehr für ein Menü zu zweit nicht reut, ein Betrag, der sich durch die Wahl einer Flasche Vouvray, Puilly Fumé oder Chinon mindestens verdoppeln kann. Es führt nicht weit, sich durch die Karte(n) durchzuarbeiten – vertrauen Sie dem Chef de Rang und seiner Überzeugungsgabe, mit der er die Spezialitäten des Hauses beschreibt und empfiehlt, einschließlich der dazu passenden Weine, etwa der Loire-Regionen Chinon, Bourgueil, Vouvray, wobei einige der interessanteren Chargen auch glasweise bestellt werden können.

Im Verbund der Kette »Relais & Châteaux« nimmt dieses Haus eine besondere Position ein. Es verkörpert Begriffe wie Luxus und Lebensart nach Art der Belle Epoque und höchste gastronomische Qualität, ist zugleich eine Oase der Entspannung und Besinnung.

LE RELAIS DE PUYS
LA BARAQUE,
F-63870 ORCINES (PUY-DE-DÔME)
TEL. 0033 473 62 10 51
FAX 0033 473 62 22 09
E-mail: relaisdepuys@nat.fr
Internet. www.relaisdepuys.com

132

Anreise: Von Clermont-Ferrand nach Montgibaud auf der N141 bei der Abzweigung nach Orcines links in die D90 einbiegen. Der Weg zum Relais ist gut ausgeschildert.
Entfernung von Clermont-Ferrand 7 km, Vichy 57 km.
Kreditkarten: Euro/Master, Visa, DC, Amexco.
Zahl der Zimmer: 25.
Zimmerpreise: 43 bis 62 Euro, je nach Sasion.
Parkmöglichkeiten vor dem Haus.
Warme Küche: 12:30 - 14:00 und 19:00 - 21:30 Uhr.
Plätze im Restaurant: 70.
Ruhetag: Das Restaurant hat am Montag geschlossen, vom 15. September bis 15. Juni auch am Sonntagmittag.
Betriebsferien: Dezember und Januar.
Freizeit und Erholung: Wandern, Mountainbike, Reiten, Drachenfliegen, Besichtigung von Clermont-Ferrand, Wintersport.
Besitzer: Famille Esbelin.

In der relativ dünn besiedelten Auvergne, jener in der Urzeit von einer Vulkankette geprägten Landschaft im südlichen Zentrum Frankreichs, findet der Ferienreisende infolge der geringer ausgeprägten Infrastruktur weniger historische Hotels oder Gasthöfe als in den benachbarten Regionen. Das »Relais de

Puys«, ein Stück westlich von Clermont-Ferrand, zählt zu den wenigen Herbergen mit alter Tradition – das Haus befindet sich seit sieben Generationen in Familienbesitz. Da es auch in den (sogenannten) warmen Monaten in dieser Gegend am Abend recht kühl werden kann, stellt der Kamin im Restaurant keinesfalls nur ein dekoratives Element dar. Er hat die Gaststube schon erwärmt, als sie noch ein Teil der alten Poststation von Orcines war und durchfrorene Reisende »auftaute«.

Die gelockerte Atmosphäre ohne Förmlichkeiten in diesem Haus entspricht seinem ländlichen Charakter. Hier steigt man nicht ab – hier kehrt man ein. Madame Esbelin heißt ihre Gäste an der Rezeption Willkommen, ihr Mann sorgt in der Küche dafür, dass die Gäste etwas Ordentliches auf den Teller kriegen. Er ist ein kreativer Koch, der seine Speisekarte ohne vorherige Ankündigung ändert, wenn ihm neue Ideen einfallen. In der Auvergne pflegt man bekanntlich sehr gut zu essen; hier kommen auch viele Wurst- und Käsespezialitäten her. Besonderheiten des Hauses sind die Brandade de morue und die Noix de pétoncles en deux façons. Die Karaffe vom offenen Roten wird gern nachgefüllt, zweimal muss man darum nicht bitten.

Die Zimmer des Relais sind von schlichter Einfachkeit, die Preise fürs Übernachten gering. Noch günstiger sind Halbpension-Arrangements, die sich für Familien lohnen, die in diesem reizvollen Naturparadies ein paar Ferientage verbringen möchten.

HOSTELLERIE DES CHÂTEAUX
11, RUE DES CHÂTEAUX,
F-67530 OTTROTT (BAS-RHIN)
TEL. 0033 388 48 14 14
FAX 0033 388 48 14 18
E-mail: hostellerie-chateaux@wanadoo.fr
Internet: www.hostellerie-chateaux.fr

134

Anreise: Ottrott liegt westlich von Obernai an der Kreuzung der D426 mit der D35 Molsheim-Barr.
Entfernung von Obernai 4 km, Strasbourg 27 km, deutsche Grenze 30 km.
Kreditkarten: Euro/Master, Visa, DC, Amexco.
Zahl der Zimmer: 62, davon 6 Suiten.
Zimmerpreise: 89 bis 168 Euro, je nach Saison.
Parkmöglichkeiten auf dem Grundstück, auch Garagen.
Plätze im Restaurant: 80.
Ruhetag: Außerhalb der Saison hat das Restaurant am Sonntagabend und am Montag geschlossen.
Betriebsferien: Im Februar.
Freizeit und Erholung: Radausflüge, Wandern, Weinproben auf den umliegenden Gütern, Ski im Winter.
Besitzer: Sabine und Ernest Schaetzel.

Im von Gourmets und Liebhabern edler Weine so sehr gelobten Elsass findet der Reisende zwischen Weinbergen und Wäldern zahlreiche Herbergen, aber nur eine »Hostellerie des Châteaux« am Fuße des St. Odile. Unter anderem zeichnet sich das am Waldrand gelegene Haus durch ein Interieur aus, das traditionelle Handwerkskunst verkörpert: Die Boiserien in den

Gasträumen, die vielen Schnitzereien, die Bilder und farbigen Glasfenster sowie das wertvolle Mobiliar sind ein Stück Elsass bester Tradition. Das Haus wird von Sabine Schaetzel geführt, während ihr Mann seine Fähigkeiten als talentierter Küchenchef unter Beweis stellt.

Das seit mehr als 100 Jahren bestehende Gasthaus verfügt über einen hohen Standard an Komfort, einschließlich Schwimmbad und Sauna. Am meisten aber zählt für den Elsass-Besucher wohl die regionale Küche, und auf die versteht sich Ernest Schaetzel ausgezeichnet. Ob man 35 oder 80 Euro fürs Menü ausgeben möchte, ist eher eine Frage der Zeit, die man sich fürs Dinieren nimmt: Die Spezialitäten des Hauses stehen einander an Qualität in nichts nach. Der gefüllte Kaninchenrücken oder eine Gänseleberpastete mit Aprikosenkompott als Entrée wecken hohe Erwartungen auf das, was danach kommen könnte – und das wäre zum Beispiel ein marinierter Räucherlachs mit Kaviarcrème oder ein gebackenes Perlhuhn. Gut schmeckt das zu den Fischgerichten gereichte Bierbrot, und im Herbst stehen Gerichte mit Wild und mit einheimischen Pilzen auf der Karte. Über die Weine des Elsass muss man natürlich nicht viele Worte verlieren. Erlaubt sei die Empfehlung, in Begleitung zum Dessert – da kämen ein Apfelstrudel oder ein Gugelhupf mit Vanilleeis in Frage – einmal eine Gewürztraminer Spätlese (vendange tardive) zu kosten, die sich in der Hostellerie angenehm von dem unterscheidet, was man unter diesem Namen allgemein kennt.

Zum Haus gehört auch das kleine Hotel »Winstub« an der Place de l'Eglise, ebenso einladend und germütlich wie die Hostellerie; es verfügt neben einem Restaurant über zehn Zimmer und acht Suiten.

LE PAVILLON DE LA REINE
28, PLACE DES VOSGES,
F-75003 PARIS
TEL. 0033 140 29 19 19
FAX 0033 140 29 19 20
E-mail: pavillon@slh.com
Internet: www.slh.com/pavillon

Anreise: Das Haus befindet sich an der Place des Vosges Ecke Rue de Bearn, unweit des Centre Pompidou, zu erreichen über die Rue Rambuteau und Rue des Francs Bourgeois.
Entfernung von Notre Dame: 15 Minuten zu Fuß.
Kreditkarten: Euro/Master, Visa, DC, Amexco, JCB.
Zahl der Zimmer: 27 Zimmer und 28 Juniorsuiten.
Zimmerpreise: ab 300 Euro, Suiten ab 496 Euro.
Parkmöglichkeiten: Garagen im Haus (Valet-Service).
Das Haus verfügt über kein Restaurant.
Betriebsferien: Das Haus hat ganzjährig geöffnet.
Freizeit und Erholung: Ganz Paris erwartet Sie ... in der Nähe befinden sich das Centre Pompidou und die berühmte Place de la Bastille.
Geschäftsführung: Mme. Véronique Ellinger.

Im Herzen von Paris ein Hotel zu finden, das schon im 17. Jahrhundert noble Gäste beherbergt hat – das ist eine Überraschung. Wer nicht weiß, wo sich der »Pavillon de la Reine« befindet, wird das Haus auf Anhieb auch nicht entdecken. Das unter den Arkaden der Place de Vosges versteckte Portal des Hotels schirmt es gegen den Trubel der Megastadt ab, und eine solche Oase verträgt einfach keinen großen Auftritt.

Als die Place des Vosges noch Place Royal hieß, gab es hier den Palast des Königs und auf der anderen Seite des Parks den der Königin. Henri IV – das war der Hugenottenkönig, Herzog von Bourbon und König von Navarra, der zum Katholizismus konvertierte (»Paris ist eine Messe wert«) – hatte im 17. Jahrhundert den Platz anlegen und die prachtvollen Häuser dazu bauen lassen, erlebte jedoch deren Vollendung nicht mehr. Aus dem Pavillon de la Reine, in den einzuziehen auch die Königin keine Gelegenheit mehr hatte, entstand vor 150 Jahren eines der feinsten Hotels der französischen Metropole, zunächst nur Gesandten und Staatsbesuchern vorbehalten – heute können Sie für 300 bis 500 Euro pro Nacht altfranzösische Herbergskultur genießen, welche auf dieser Seite der Seine in Paris ihresgleichen sucht.

Alle Räume sind im klassischen Stil eingerichtet, wobei die in der oberen Etage – die Aufzugtür im Erdgeschoss ist ein Tromp-Oeil! – durch ihre Deckenbalken und Wandschrägen einen besonderen Reiz haben.

Wenn Sie die Bar besuchen, überlässt man es Ihnen, sich selbst zu bedienen und das, was Sie konsumiert haben, zu notieren. Kleinlich geht's im Pavillon der Königin gewiss nicht zu, das wäre nicht der Stil der »Small Luxury Hotels of the World«.

Das historisch interessante Haus verkörpert zwar ein Stück Pariser Kulturgeschichte, verfügt jedoch über kein eigenes Restaurant. Wie überall in Paris, findet der hungrige Gast aber auch im dritten und angrenzenden vierten Arrondissement im Umkreis von fünfzehn Minuten eine breite Auswahl kleinerer und größerer Restaurants, die zwar durchwegs ein wenig teuer sind, sich aber bester Reputation erfreuen.

RELAIS CHRISTINE / RESTAURANT LE CHRISTINE

3, RUE CHRISTINE,
F-75006 PARIS
TEL. 0033 140 51 60 80
FAX 0033 140 51 60 81

Anreise: Das Haus liegt im Quartier Latin in einer ruhigen Seitenstraße zwischen dem Boulevard St. Germain und der Rue des Grands Augustins, 200 m von der Seine.

Entfernung von Notre Dame: 15 Minuten zu Fuß. St. Germain-de-Près: 10 Minuten.

Kreditkarten: Euro/Master, Visa, Amexco, DC.

Zahl der Zimmer: 36.

Zimmerpreise: 310 bis 620 Euro.

Parkmöglichkeiten: Das Haus verfügt über Garagen.

Kein Restaurant im Haus. Empfehlung: Restaurant Le Christine, 1 rue Christine (nebenan): 18:30 - 22:00 Uhr (Reservierungen: Tel. 0033 140 51 71 64)

Plätze im Restaurant Le Christine: 22 im Restaurant, 20 weitere im Hofgarten.

Ruhetag: Das Restaurant hat sonntags geschlossen.

Betriebsferien: Hotel und Restaurant ganzjährig geöffnet.

Freizeit und Erholung: Besichtigung des Quartier Latin, Musée d'Orsay, Eiffelturm.

Geschäftsführung: Ives Monnin.

Das »Relais Christine« im Quartier Latin gehört wie der »Pavillon de la Reine« zur nobelsten Kategorie von Gast-Häusern, die Pariser Stadtgeschichte verkörpern. Dieses Hotel wurde – wie

die Straße, in der es gelegen ist – nach Christine de Paris (1602-1662) benannt, Herzogin von Savoyen und zweite Tochter Henri IV aus seiner Ehe mit Marie de Medici. Das Haus war im 19. Jahrhundert Treffpunkt der Dichter, Künstler und Philosophen. Doch die Geschichte des Hauses reicht viel weiter zurück, nämlich auf das Jahr 1200, als seine dicken Mauern eine Abtei vor Eindringlingen schützten. Dort, wo die Gäste heute ihr Frühstück einnehmen, sind die massiven Fundamente zu sehen.

Zum Dinieren empfiehlt sich das – allerdings nicht zum Hotel gehörende – Restaurant »Le Christine« nebenan, in welchem Monsieur und Madame Bazan ihren Gästen in den 800 Jahre alten Mauern ihres kleinen Restaurants ein Abendessen zelebrieren, das Ihnen gewiss nicht nur wegen der aufmerksamen und sehr gut ausgebildeten Damen, die sich ums Wohl ihrer erwartungsvollen Gäste kümmern, in Erinnerung bleiben wird. Oldtime-Jazz im Hintergrund und eine Elfe wie Marion Bazan, die Tochter des Patron (die Sie schon mal beim Naschen einer kulinarischen Kreation des Küchenchefs beobachten können), sowie ihre beiden Kolleginnen verleihen dem antiken Gemäuer des Restaurants mit seinen urigen Deckenbalken eine Fröhlichkeit, die den Gast vergessen lässt, dass sich ein von Jacques Brosse, dem begabten Cuisinier, kunstvoll komponiertes Menü, wenn der Wein passen soll, auf 100 bis 150 Euro pro Person summieren kann. Nun: »Le Christine« eines der besten Lokale im 6. Arrondissement. Und ein ruhig gelegenes obendrein, obwohl die Seine-Quais keine 200 Meter weit entfernt sind. Und wer einen roasted Brittany lobster bestellt, bekommt ihn als Homard breton rôti serviert. Englisch wird verstanden, aber prinzipiell nicht erwidert – Patriotismus kontra Touribusiness. Vielleicht der Herzogin Christine von Savoyen zu Liebe?

HÔTEL DU COMMERCE
PLACE DE L'EGLISE,
F-40410 PISSOS (LANDES)
TEL. 0033 558 08 90 16
FAX 0033 558 08 96 89

Anreise: Die Autobahn A63 Bordeaux-Biarritz bei Moustey verlassen, dann auf der D134 ca. 15 km nach Süden. Das Hotel liegt im Zentrum der Ortschaft.
Entfernung von Bordeaux 58 km, Biarritz 120 km.
Kreditkarten: Euro/Master, Visa.
Zahl der Zimmer: 5.
Zimmerpreise: 36 und 40 Euro.
Parkmöglichkeiten hinter dem Haus.
Warme Küche: 12:15 - 14:30 und 19:45 - 22:30 Uhr.
Plätze im Restaurant: 36, auf der Terrasse 20.
Ruhetag: Mittwoch.
Freizeit und Erholung: Reiten, Ausflüge ans Meer und zu den l'Etangs (Arcachon) sowie zu den kleinen Dörfern ringsum mit z. T. sehr alten Kirchen.
Besitzer: Jean-Paul Clavé.

Das Anwesen an der Straße von Bordeaux nach Biarritz war im frühen 19. Jahrhundert eine Poststation. Nachdem sich Napoléon III intensiv um die Entwicklung der Gascogne, also des französischen Südwestens, durch eine großzügige Infrastruktur und um ein Bewässerungssystem für die trockenen Böden gekümmert hatte, wurden aus den Relais größere Gasthäuser, denn nun kamen auch Besucher von weiterher, um an den Küsten des Atlantiks Erholung zu finden.

Einer der ältesten Gasthöfe in dieser Region ist das »Hôtel de Commerce«, das die Familie Léon Lassus an der Straßenkreuzung von Pissus gegenüber der Kirche betrieb. Das Haus wurde 1818 erbaut; es hat fünf recht einfache Zimmer und ist ein günstig gelegenes Etappenziel auf dem Weg zum Meer. In der Gaststube, dekoriert mit Fotos aus der Zeit vor 1920 und einigen Möbeln aus napoleonischer Epoche, sitzt man an alten Tischen mit bunt geblümten Decken, und wenn nicht gerade im Saal nebenan eine Hochzeit mit 120 Gästen stattfindet (so viele kommen mindestens zusammen, wenn hier gefeiert wird), speist man im kleinen Restaurant oder auf der schattigen Terrasse vor dem Haus in idyllischer Ruhe, aufmerksam versorgt von Jean-Paul Clavés freundlichen Mademoiselles.

Der Chef kocht selbst, wie sich das in solchen kleinen Hotels gehört, und das kann er meisterhaft. Sein lauwarm angemachter Salat mit zartem Fleisch von der Taube, sein mit Senf überbackener und vor dem Servieren kurz angerösteter Schinken mit weißen Bohnen sowie seine Crème brulée sind einfache, aber raffiniert zubereitete Gerichte, zu denen ein trockener Buzet Baron d'Ardenuil oder die Cuvée de l'Impératrice (hier haben es die Winzer noch sehr mit der Monarchie!) bestens harmonieren. Die Menüs rangieren von 13 bis 40 Euro, das empfehlenswerte Menu de Terroir kostet 15 Euro. Ein Etappenziel, das wegen seiner bürgerlichen Einfachheit anspricht.

AUBERGE DU LAC
BARRAGE DU CHAUMEÇON,
F-58140 PLAINEFAS (NIÈVRE)
TEL. 0033 386 22 60 86
FAX 0033 386 22 68 94

Anreise: Von Autin auf der D978 nach Château Chinon, dort auf die D944 Richtung Avallon. 8 km hinter Lormes rechts auf die D128 nach St.-Martin-du-Puy, auf dem Marktplatz der Ortschaft rechts auf der D235 dem Schild Auberge du Lac 7 km folgen. An der nächsten Kreuzung rechts nach Pleinefas.
Entfernung von Avallon 25 km, Autin 69 km, Auxerre 77 km.
Kreditkarten: Euro/Master, Visa, DC, Amexco.
Zahl der Zimmer: 7.
Zimmerpreise: 25 Euro.
Parkmöglichkeiten auf dem Platz 30 m hinter dem Haus.
Warme Küche: 12:00 - 13:30 und 19:00 - 21:00 Uhr.
Plätze im Restaurant: 30, im Garten 36.
Ruhetag: keiner.
Betriebsferien: Das Haus hat ganzjährig geöffnet.
Freizeit und Erholung: Wildwasserfahrten (auch Rafting) auf dem Chalaux, Quadfahrten (Anmietung möglich), Angeln, Wandern.
Besitzer: Suzanne und Bernard Malardier.

Schon die Anfahrt auf der wenig befahrenen D944 durch die bergige Waldlandschaft des Morvan-Naturparks ist ein vergnügliches Abenteuer (Tip für ambitionierte Sportwagenfahrer!), besonders der kleine Abstecher über St.-Martin-du-Puy ins Tal des Chalaux, einem von Kajakfahrern geschätzten Wildbach.

Genau am richtigen Fleck liegt die Kneipe der Familie Malardier, die hier schon vor mehr als 120 Jahren Ausflügler und Angler verköstigte. Vor 60 Jahren hat man aus dem kleinen Tanzsaal des Dorfgasthofes von Plainefas (elf Häuser) ein Restaurant gemacht, und kurz nach dem Kriege, als der Staudamm von Chaumeçon konstruiert wurde, baute Bernard Malardiers Vater das Haus zu einem kleinen Hotel mit sieben Zimmern aus und nannte es »Auberge du Lac«. Damals gab sich der Gast mit »Fließend Wasser in allen Räumen« und Klo-auf-dem-Gang zufrieden, und bis heute hat sich diese Art des Komforts in der Auberge nicht geändert. Auch das kann Stil haben – zu dem man sich bekennen muss! Wegen der engen Treppe, die zu den oberen Gemächern führt, empfiehlt sich die Mitnahme von Gepäck möglichst geringster Abmessungen, was sicher kein Problem darstellt, wenn man weiß, dass auf Abendgarderobe zum Diner in der guten Stube verzichtet werden kann.

Madame Malardier verkörpert die vierte Generation in diesem Haus und ist eine begnadete Köchin. Und sie hält es mit den fleischlichen Genüssen: saftige Steaks, Entrecôtes und Filets sind ihre Spezialitäten. Natürlich gibt es auch Fisch aus den umliegenden Gewässern, ebenso knackige Salate und zum Nachtisch Käse zur Selbstbedienung vom großen Brett, das man dem Gast auf den Tisch stellt, danach selbstgebackenen Kuchen oder Obstpudding. Schon das Tagesmenü für 11 Euro bietet einen guten Querschnitt durch das Angebot der Karte. Beim Wein gibt's keine langen Diskussionen: Man entscheidet sich für Weiß, Rosé oder Rot maison, eben wie die Herren Pècheurs, als sie zu Urgroßvaters Zeiten hier vor dem Heimweg einkehrten und auch schon einmal ihren Mut zum häuslichen Geständnis für einen mageren Fang auffrischten.

HÔTEL DE FRANCE
4, RUE PASTEUR,
F-22370 PLÉNEUF-VAL-ANDRÉ
(CÔTE D'ARMOR)
TEL. 0033 296 72 22 52
FAX 0033 296 72 91 67

Anreise: Von der Küstenstraße D17 (Matignon) auf die D786 nach Pléneuf-Val-André abbiegen; nach 2,5 km Stoppschild, links 500 m in die Ortschaft hinein (30-km/h-Zone), an der Ampel nach links zum Kirchplatz; linker Hand liegt das Hotel.
Entfernung von St. Malo 32 km, Rennes 70 km.
Kreditkarten: Euro/Master, Visa, DC, Amexco.
Zahl der Zimmer: 44.
Zimmerpreise: 27 bis 49 Euro.
Parkmöglichkeiten auf dem Platz vor der Kirche. Dort ist montags jedoch Markt: Sonntagabend das Auto besser auf dem Platz hinter der Bäckerei abstellen.
Warme Küche: 12:30 - 14:00 und 19:30 - 21:30 Uhr.
Plätze im Restaurant: 20 im kleinen Restaurant, 16 im Garten. Im großen Saal bis zu 100 Plätze.
Ruhetag: Sonntagabend und am Montag hat das Restaurant geschlossen.
Betriebsferien: 15. Januar bis 1. März.
Freizeit und Erholung: Museumsdorf »La Ferme d'Antan« in Plédéliac, die alte Festung Hunaudaye, Bootsfahrten an der Küste, Golf und Tennis.
Besitzer: Isabelle und Alain Pottier.

Die Küstenregion der Côte d'Armor ist nicht nur im Sommer ein Ferienparadies. Zu jeder Jahreszeit bereitet es Vergnügen, die kleinen bretonischen Städte mit ihren Häusern aus dem 13. bis 18. Jahrhundert und den Reiz der abwechslungsreichen Landschaft zu entdecken. Auch Pléneuf-Val-André ist ein solcher Platz, der dem Reisenden das bietet, wonach er sucht ...
Das »Hôtel de Paris« liegt im älteren Teil der zusammengewachsenen Ortschaften Pléneuf und Val-André, und es sind auch Namen von Rang, die die Chronik des Hotels verzeichnet. Der Gastronom Antoine Napoléon Crouzet mit seiner Frau Marie-Thérèse eröffneten dieses Haus im Jahre 1906, das sie 1939 ihren Kindern übergaben. Isabelle und Alain Pottier, die heute an der Reihe sind, führen es seit 1980 in der vierten Generation. Im Zuge allfälliger Renovierungen hat man jedes Gästezimmer einem Thema gewidmet, wie ihre Namen verraten: La Caraibe, la Capitaine, les Annés 30, la Golf ...

Die mit originellen Antiquitäten bestückten Räume und das schöne Restaurant entschädigen für Umständlichkeiten, die in der verwinkelten Architektur des Hauses begründet sind: Etliche Zimmer erreicht man nur vom Hofgarten aus, und das eine oder andere Badezimmer dürfte aus jener Zeit stammen, als Antoine Napoléon Crouzet hier den Löffel schwang.
Für sein gastronomisches Können hat Alain Pottier mehrfach hohe Auszeichnungen erhalten, wobei seine Karte nicht allzu umfangreich ist, aber interessante Kreationen wie eine Ente mit Birnenkompott oder ein Lachs-Carpaccio mit rotem Pfeffer enthält. Wie für jedes gute Menü, so braucht man auch für das von Alain Pottier zubereitete viel Zeit, zumal Madame auf jegliche Hilfe beim Service verzichtet und demzufolge von ihren Gästen ein wenig Geduld erwartet.

HOSTELLERIE POINTE ST.-MATHIEU
POINTE ST.-MATHIEU,
F-29217 PLOUGONVELIN (FINISTÈRE)
TEL. 0033 298 89 00 19
FAX 0033 298 89 15 68
E-mail: corre.philippe2@wanadoo.fr
Internet: www.pointe-saint-mathieu.com

Anreise: Von Rennes bzw. Brest kommend auf der N12 bis zur Abfahrt Plougonvelin, weiter auf der D780 bis an deren Ende in Pointe Saint-Mathieu.
Entfernung von Brest 25 km, Quimper 72 km, Rennes 240 km.
Kreditkarten: Euro/Master, Visa, DC, Amexco.
Zahl der Zimmer: 23.
Zimmerpreise: 43 bis 129 Euro pro Person.
Parkmöglichkeiten auf dem Platz vor der Kathedrale.
Warme Küche: 12:00 - 13:30 und 19:30 - 21:00 Uhr.
Plätze im Restaurant: 44.
Ruhetag: keiner.
Betriebsferien: Das Haus hat ganzjährig geöffnet.
Freizeit und Erholung: Besichtigung des Leuchtturms (165 Stufen), Küstenwanderungen, Bootsausflüge zu den Inseln Molène und Ouessant; Golf (15 km), Besuch im Océanapolis in Brest.
Besitzer: Philippe Corre.

»Das Ende der Welt« nennen die Bretonen diesen Küstenzipfel, den ein hoher Leuchtturm kennzeichnet. Noch höher war einst der Turm der im 12. Jahrhundert direkt am Meer erbauten und dem Heiligen Matthäus gewidmeten Abtei, von der seit der

französischen Revolution aber nur noch die Grundmauern stehen. Pointe St.-Mathieu war einst ein bedeutender Handelsplatz, den Kaufleute, die Verbindungen mit der Hanse und den Briten pflegten, zum Ort ihrer Geschäfte erwählt hatten, die sie vermutlich vorwiegend mit Contrabande (Schmuggelgut) betrieben – heute besteht Pointe St.-Mathieu nur mehr aus einer Handvoll Häusern, alten, von üppiger Vegetation umrankten Mauerfragmenten und einem kleinen Hotel, das Brigitte und Philippe Corre 1982 als eine 250 Jahre alte Ruine erwerben konnten. Das Haus haben sie mit einem Aufwand von fast 5 Millionen Francs instandgesetzt, ganz so, wie es im 18. Jahrhundert ausgesehen haben mag. Im Restaurant herrscht die Atmosphäre früherer Epochen, während der Hoteltrakt und die Bar in der für diese Gegend so typischen Yacht-Architektur gehalten sind. Philippe Corre ist nicht nur der Patron und Chefkoch der Hostellerie, sondern für den Denkmalschutz des historischen Ortes zuständig und obendrein Architekt. Ihm geht es um die Erhaltung der alten Bausubstanz, die den Reiz von St.-Mathieu ausmacht, in Kombination mit stilvollen Architekturelementen der Bretagne des 21. Jahrhunderts.

Zu Philippe Corres Spezialitäten gehören Zaubereien rund um die bretonischen Meeresfrüchte (Assiette marine grantinée, Darne St. Pierre, Rôti de lotte au lard cuite en cocotte au jus de volaille, Dos de turbot), und wenn die Kellner Scordia und Hunaut die Kreationen ihres begabten Chefs – und dazu einen kühlen Weißen von der Loire – kredenzen, spürt der Gast, dass man um sein leibliches Wohl äußerst bemüht ist. Professionalität mit persönlicher Herzlichkeit wissen auch Natacha und Delphine zu vermiitteln, ob bei der Wahl des Weins oder bei der Zusammenstellung der leckeren Desserts.

AUBERGE DE LA FLEUR D'AJONC
3, PLACE DE L'HÔTEL DE VILLE,
F-29930 PONT AVEN (FINISTÈRE)
TEL. 0033 298 06 10 65

Anreise: Das direkt am Marktplatz der Ortschaft gelegene Restaurant erreicht man über die D4, südlich von der N165 gleich hinter Quimperlé.

Entfernung von Quimper 36 km, Vannes 86 km, Rennes 178 km.
Kreditkarten: keine.
Keine Übernachtungsmöglichkeit.
Parkmöglichkeiten: Im Ortskern mehrere Parkflächen.
Warme Küche: 12:00 - 14:00 und 19:00 - 21:30 Uhr.
Plätze im Restaurant: 18, vor dem Haus 20.
Ruhetag: Sonntagabend, in der Nebensaison auch Montag.
Betriebsferien: Das Haus hat ganzjährig geöffnet.
Freizeit und Erholung: Museen und Galerien in Pont Aven, Küstenwanderungen, Segeln, Baden.
Besitzer: Gilles Joly.

Pont-Aven ist ein kleiner Ort an der bretonischen Sonnenküste, der schon viele Künstler inspiriert hat. und deren farbenfrohen Werke (oder vielmehr Reproduktionen davon) eine Anzahl Galerien in Pont Aven noch heute ernähren. 1888 wohnte hier auch Paul Gaugin, bevor er nach Tahiti reiste, und auf seine vielen Kollegen, die hier bis in die 1920er Jahre hinein lebten und arbeiteten, geht die »Ecole Pont-Pont-Aven« zurück, aus der sich eine aktive Künstlerkolonie entwickelt hat. Alle, die sich ihr zugehörig fühlen, haben heute ihre Galerien in Pont-Aven.

An diesem pittoresken Platz gab es vor gut einhundert Jahren an die 40 Herbergen und Cafés, eine Zahl, die sich inzwischen stark reduziert hat, als der Tourismus der Gründerjahre andere Wege einzuschlagen begann. Erhalten hat sich eine Herberge aus dem jahre 1656, die heute zwar keine Übernachtungsmöglichkeiten mehr bietet, aber wegen ihres Ambiente und ihrer guten Küche einen Besuch lohnt. Den Aperitif an der Bar einzunehmen kommt einem Eintauchen in alte Seeräuberzeiten gleich, und mehrfach wurde das Haus auch von Piraten, die mit ihren Schiffen den Aven hinauffuhren, ausgeplündert, und die Gäste obendrein ... Diese Zeiten sind vorbei, auch auch die Preise von 13 bis 19 Euro fürs Menü haben mit Piraterie ganz gewiss nichts zu tun. Alles, was das nahe Meer zu bieten hat, vom Kabeljau bis zu Austern und Langusten, von der Fischsuppe bis zu den berühmten Coquilles St. Jacques servieren Gilles Joly und seine Frau mit Charme und Liebenswürdigkeit. Eine Weinkarte gibt es zwar, doch der offene Weißwein »maison« aus dem Fass erspart Gilles nicht nur die mühsame Betätigung des Korkenziehers, sondern dem durstigen Gast die Qual der Wahl.

Es empfiehlt sich eine telefonische Tischreservierung mindestens vier, fünf Tage im Voraus, denn die wenigen zur Verfügung stehenden Plätze sind meist frühzeitig ausgebucht.

CHÂTEAU LA CHASSAGNE
F-21410 PONT-DE-PANY (CÔTE D'OR)
TEL. 0033 380 40 47 50
FAX: 0033 380 23 66 28
E-mail: info@chateau-chssagne.com
Internet: www.chateau-chassagne.com

Anreise: Von der Autobahn A38 von Dijon nach Westen die Ausfahrt Nr. 30 Pont de Pany nehmen; das Hotel liegt am der Gabelung der D33 und D35 und ist gut ausgeschildert.
Entfernung von Dijon 19 km, Beaune 40 km.
Kreditkarten: Euro/Master, Visa, DC, Amexco.
Zahl der Zimmer: 22 Zimmer, zwei Suiten.
Zimmerpreise: 110 bis 300 Euro (Suite Royal).
Parkmöglichkeiten auf dem Grundstück.
Warme Küche: 12:30 - 14.00 und 19:30 - 21:30 Uhr.
Plätze im Restaurant: 70.
Ruhetag: keiner.
Betriebsferien: Das Haus hat ganzjährig geöffnet.
Freizeit und Erholung: Golf, Tennis, Schwimen, Kutschfahrten, Bootsfahrten, Fahrten im Heißluftballon.
Besitzerin: Mme. Florence Daegele.

In der Nähe von Dijon befindet sich diese kleine Jagdschloss, das sich im späten 19. Jahrhundert ein wohlhabender Industrieller aus Lyon erbauen ließ. Aber nicht nur die herrliche Lage inmitten der burgundischen Weinberge machte das »Château de Chassagne« fünfzig Jahre später zu einem Vierstere-Hotel, das zu Recht mit einer »Verwöhnungsgarantie« wirbt – weil man dem Gast jeglichen nur erdenklichen und zugleich unauf-

dringlichen Luxus bietet, aber auch, weil die herzliche Art und Weise, wie er vermittelt wird, selbst in Frankreich nicht überall selbstverständlich ist. Und es ist last not least die superbe Küche, die den Ruf des Hauses ausmacht.

Zum »Château de Chassagne« gehört ein Flugplatz für Sportmaschinen; daher die vielen Eintragungen im Gästebuch, die mit aviatischen Codebezeichnungen signiert sind. Ferner stehen zwei Hotelboote (peniches) mit drei bzw. sechs Kabinen zur Verfügung, auf denen man ausgedehnte Kreuzfahrten durch die Flüsse und Kanäle des Burgund buchen kann. Das ist ein Extravergnügen, mit dem das Haus seinen Gästen eine Besonderheit bietet und das so gut wie einmailg ist.

Das »Château de Chassagne« steht unter deutscher Leitung, die Küche aber könnte französischer kaum sein. Die Menüpreise sind mit 28 bis 33 Euro als sehr angemessen zu bezeichnen. Zu den Spezialitäten des Hauses gehören ein raffiniertes Eventail de volailles et gambas à la bisque, ein Boef Bourguignon mit cremigen Tagliatelli und jede Menge Fischgerichte wie zum Beispiel ein Saumon gratinée à la Dijonnaise. Die Auswahl an Desserts wechselt beinahe täglich. Die Weine kommen überwiegend aus der Region; schließlich liegt das Château im Burgunderland.

Das klassische Ambiente dieses kleinen Schlosses mit seinen elegant eingerichteten Räumen, das umfangreiche Freizeitangebot und die idyllische Lage bei zugleich idealer Erreichbarkeit zu Wasser, zu Lande und aus der Luft veranlassen viele Gäste, wiederzukommen. Sei es für ein Wochenende zu zweit, für eine Familienfeier oder für einen Urlaub mit den Kindern.

AUBERGE DES MOULINS
RUE DE PONTARLIER,
F-25140 PONT-LES-MOULINS (DOUBS)
TEL. 0033 381 84 09 99
FAX 0033 381 84 04 44

Anreise: Wo die D50 5 km vor Baume-les-Dames (aus Richtung Passavant) die D21 nach Guillon-les-Bains kreuzt, liegt links an der Hauptstraße die Auberge des Moulins.
Entfernung von Baume-les-Dames 6 km, Montbéliard 52 km, Pontarlier 60 km.
Kreditkarten: Euro/Master, Visa, DC, Amexco.
Zahl der Zimmer: 12 Zimmer, zwei Apartments.
Zimmerpreise: 39 bis 57 Euro.
Parkmöglichkeiten ausreichend neben dem Haus.
Warme Küche: 12:30 - 14:00 und 19:30 - 21:00 Uhr.
Plätze im Restaurant: 50.
Ruhetag: keiner.
Betriebsferien: Das Haus hat im Januar geschlossen.
Freizeit und Erholung: Besichtigung der Gletschergrotten und des Musée des Maisons Comtoises, der Messerschmiede aus dem 19. Jahrhundert in Nans/Ste.-Anne; Fischen im Privatgewässer.
Besitzer: Véronique und Franco Porru.

Wo zwei wichtige Verkehrswege einen stark strömenden Fluss tangieren, war der ideale Platz für den Betrieb einer Mühle. So entstanden an der Kreuzung Pontarlier-Vésoul und Bésançon-Montbéliard im 15. Jahrhundert im Tal des Glaie Noire, ein Nebenfluss des Doubs, nacheinander vier Mühlen, von denen

es drei noch gibt; zwei davon stehen unmittelbar am Wegesrand, wo sich die alte »Auberge des Moulins« befindet. Seit vielen Jahren leer stehend, aber mechanisch intakt, gehört das historische Mühlengebäude heute einem Autohändler, der es nicht zu nutzen weiß ... Im historischen Gasthof vis-à-vis, wo seinerzeit gewiss nicht die armen Müllersleut', sondern vielmehr deren Kunden und Lieferanten einzukehren pflegten, gehört das Rauschen des Mühlbachs zum Ambiente (nur wird es an einigen Stunden des Tages von etwas Verkehrslärm gestört). Die Herberge hat ländlichen Charme und will nicht mehr scheinen, als sie ist: ein Fleck, an dem man abends einkehrt, weil es ein wenig spät geworden ist für die Weiterfahrt nach Pontarlier oder Belfort, und dass man sich in der Gaststube mit ihrem alten Mobiliar wohlfühlt, liegt nicht zuletzt an der Küche des Patron. Franco Porru bereitet einen sehr schönen Pot au feu de la rivière, einen delikaten Truit aux Morilles oder eine Kombination von Lachs und Krebsen Stroganoff – und das zu Preisen, die für französische Verhälnisse bescheiden zu nennen sind. Viele Gerichte, für die Franco eine Eintragung im »Bottin Gourmand« erhalten hat, kosten nicht mehr als 16 Euro, die Menüs rangieren von 15 bis 29 Euro. Da reicht's allemal zu einer guten Flasche Château Etoile Rolet d'Arbois. Der klassische Vin Jaune aus dem Jura fehlt natürlich nicht; er ist schwer und körpervoll und wird besser nur glasweise genossen. Die Karte umfasst nicht mehr als zehn Weine insgesamt.

Lassen Sie sich nicht zur Besichtigung der stillgelegten Mühle gegenüber verleiten, ohne den freundlichen Chef der Autowerkstatt vorher gefragt zu haben: zwei sehr große, sehr hübsche, aber auch sehr wachsame Hunde halten Souvenirsammler vom Grundstück fern.

LA BONNE MARMITE
10, RUE RENÉ RABAN,
F-27360 PONT SAINT-PIERRE (EURE)
TEL. 0033 232 49 70 24
FAX 0033 232 48 12 41
E-mail: la.bonne.marmite@wanadoo.fr
Internet: www.la-bonne-marmite.com

Anreise: La Bonne Marmite liegt mitten in der kleinen Stadt Pont Saint-Pierre an der D321, die südlich von Rouen von der N21 nach Osten abzweigt.
Entfernung von Rouen 20 km, Paris Zentrum 120 km.
Kreditkarten: Euro/Master, Visa, DC, Amexco.
Zahl der Zimmer: 9.
Zimmerpreise: 57 bis 85 Euro.
Parkmöglichkeiten im Hof.
Warme Küche: 12:15 - 14:00 und 18:30 - 21:30 Uhr.
Plätze im Restaurant: 24 und 12 im Séparé.
Ruhetag: Das Restaurant hat Sonntagabend sowie am Montag und am Dienstag geschlossen.
Betriebsferien: 20. Februar bis 15 März und 24. Juli bis 10. August.
Freizeit und Erholung: Sehenswert sind das 1000 Jahre alte Château de Roche-Guyon, die Windmühle von Hauville aus dem 13. Jh., die Abtei von Fontaine-Guérard und Lyons-la-Forêst.
Besitzer: Maurice und Denise Amiot.

Diese Auberge im Lande der Madame Bovary nur gemütlich zu nennen, wäre nicht genug. Sie ist ein Platz, an dem man sich

vom ersten Augenblick an wohl fühlt, an dem man länger bleiben möchte als geplant. Die ehemalige Poststation an der Strecke Paris-Deauville trug einst den Namen »Auberge de l'Union« und vermittelt noch heute durch seine Architektur ein Flair d'Epoque. Die neun mit antikem Mobiliar à la Louis XIII, XV und XVI eingerichteten Gästezimmer liegen sämtlich zum Innenhof hinaus, in den der Lärm der Straße nicht zu dringen vermag. Übrigens war das Haus in den dreißiger Jahren im Besitz eines gewissen Monsieur Calvo: Er ist der Erfinder der berühmten Comicserie »Asterix«.

Das weitgehend im Originalzustand erhalten gebliebene Haus wurde 1966 durch das Ehepaar Amiot erworben und hat seither unter Kennern einen hervorragenden Ruf. Maurice Amiot ist nicht nur ein vielfach preisgekrönter Cuisinier, sondern hat auch einen Weinkeller angelegt, der nationale Rekorde bricht. Gut 1150 Referenzen der Jahrgänge von 1858 bis 2000 weist seine umfangreiche Karte auf, darunter 500 rote und 230 weiße Grands Crus Classées, ferner mehr als 30 Champagnersorten und an die 100 Brände. Einige der feinsten Weine kann man zum Kennenlernen auch glasweise bekommen. Auch das ist ungewöhnlich (den Bordeaux von 1885 zu 35.000 Euro die Flasche natürlich ausgenommen). Der Chef berät Sie gern, was am besten zu seinen regionalen Spezialitäten – darunter viele Fischgerichte – passt. Die Preise sind in Relation zu dem, was geboten wird, als niedrig zu bezeichnen: Für ein opulentes Menü bezahlt man 22, 30 oder 36 Euro.

Die liebevolle Aufnahme, die dem Gast zuteil wird, unterscheidet sich von der Routine vieler anderer Häuser. Hier ist man Freund, nicht eine Zimmerschlüsselnummer, und da auch das Ambiente stimmt, kommen viele Gäste gern wieder.

CHÂTEAU DE CHAILLY
F-21320 POUILLY-EN-AUXOIS (CÔTE D'OR)
TEL. 0033 380 90 30 30
FAX 0033 380 90 30 00
E-mail: reservation@chailly.com
Internet: www.chailly.com

Anreise: Die Autobahn A6 von Paris nach Lyon an der Ausfahrt Nr. 24 verlassen, weiter auf der D970 nach Pouilly-en-Auxois, von dort 8 km km (Autobahnbrücke überqueren) zum Château de Chailly.
Entfernung von Dijon 47 km, Beaune 45 km.
Kreditkarten: Euro/Master, Visa, DC, Amexco, JCB.
Zahl der Zimmer: 45, davon 8 Suiten.
Zimmerpreise: 206 bis 548 Euro (Suite), je nach Saison.
Parkmöglichkeiten auf dem Grundstück.
Warme Küche: 19:30 - 22:00 Uhr.
Plätze im Restaurant: Im l'Armançon 80, im Rubillon 50.
Ruhetag: Montag.
Betriebsferien: Das Haus hat ganzjährig geöffnet
Freizeit und Erholung: Golf, Tennis, Schwimmbad.
Geschäftsführung: Olivier de Boynes.

Wo sich einst eine mittelalterliche Festung befunden hatte, entstand im 15. Jahrhundert ein Schloss im Stil der italienischen Renaissance, das im Jahre 1644 von einen Grafen aus dem Burgund erworben wurde; er hieß Pierre Lenet und führte hier einen noblen Lebensstil. Der Besitz ging später durch mehrere Hände und war ab 1888 Eigentum der Familie Chalon, die das Schloss und die dazugehörigen Ländereien 1987 an einen ja-

panischen Investor verkaufte. Der überzeugte Frankreichliebhaber Yasuhiko Sata ließ umfangreiche Restaurierungsarbeiten durchführen. Im Juni 1990 eröffnete er das Hotel in Verbindung mit einem hervorragend angelegten Golfplatz. 1994 wurde Yasuhiko Sata für seine kulturellen Beitrag im Burgund zum »Chevailier d'Ordre des Arts et des Lettres« ernannt.

Die Räume des Schlosses kombinieren das Flair früherer Jahrhunderte mit dem Komfort der Gegenwart. Dabei ist es nicht eine künstliche Wiederbelebung vergangener Epochen allein durch nostalgische Hilfsmittel; vielmehr haben es die Architekten verstanden, die historische Substanz des Hauses durch zeitgenössische Elemente zu ergänzen. Auf das bloße Hineinstellen von Antiquitäten in Räume, in denen sie sich einst gewiss nie befunden haben, hat man verzichtet.

Besondere Erwähnung verdient die Küche, geleitet von David Plet. Bevor er 1995 nach Chailly kam, hat Maître Plet sich in erstklassigen Häusern emporgearbeitet. Die Menüs wechseln häufig, ganz im Unterschied zu der Weinkarte, die geradezu ein Klassiker großer Domänennamen aus dem Burgund ist (spezielle Empfehlung: Château de Mersault 1989). Von 20 erreichbaren Punkten hat Gault-Millau dem Restaurant »l'Armançon« 16 zuerkannt – und wer das Pigeonneau Jennecourt en crapeaudine oder das Gigot d'agneau à la noisette einmal gekostet hat, weiß auch warum. 87 Euro für das Menu Bourgogne en Bouche sind viel, aber gut angelegtes Geld, und mit 51 oder 73 Euro ist man auch schon dabei. Und wenn Sie sich nach dem Diner mit einem Rolls-Royce zum Flughafen Dijon chauffieren lassen möchten, wird Ihnen auch dieser Wunsch erfüllt.

HÔTEL DU MOUTON
5, PLACE DE LA SINNE,
F-68150 RIBEAUVILLE (HAUT-RHIN)
TEL. 0033 389 73 60 11
FAX 0033 388 73 74 62

Anreise: In die engen Straßen der Altstadt von Ribeauville Richtung Place de la Mairie; dahinter 200 m rechts befindert sich das Hotel hinter dem Springbrunnen.
Entfernung von Riquewihr 4 km, Colmar 14 km, Mulhouse 48 km.
Kreditkarten: Euro/Master, Visa, DC, Amexco.
Zahl der Zimmer: 12 Zimmer und zwei Suiten.
Zimmerpreise: 46 bis 56 Euro; Suite 77 Euro.
Parkmöglichkeiten nur auf der Straße.
Warme Küche: 12:30 - 14:00 und 19:15 - 21:30 Uhr.
Plätze im Restaurant: 60.
Ruhetag: Montag, in der Nebensaison auch Dienstag.
Betriebsferien: 20. Dezember bis 31. Januar.
Freizeit und Erholung: Besichtigung der Altstadt, Ausflüge zu den Weingütern und zur Festung Haute Koenigsbourg, Golfplatz in der Nähe.
Besitzer: Alain und Yves Heitzler.

Als Ribeauville noch eine unbedeutende Station am Wege von Colmar nach Sainte Marie in den Bergen war, gab es nur einen Gasthof in dem kleinen Elsassdorf: «Le Mouton» (heute sind es an die zehn, nebenan und vis-à-vis und straßauf, straßab). Als das »Mouton» im Jahre 1604 eröffnet wurde, war das Haus aber bereits 300 Jahre alt ... Ob das Gebäude nebenan mit dem

Hotel »Rote Löwe« ein ebenso hohes Alter aufweist, bleibe dahingestellt.

Ein Ort mit einer solchen Historie lockt viele Besucher; zum Glück sind die Gassen der Altstadt von Ribeauville eng genug, um Omnibussen die Durchfahrt zu verwehren. Auch Pkw-Parkplätze sind knapp. So wird der Gast, der im »Mouton« ein Zimmer oder einen Tisch reserviert hat, meist auch ein paar Schritte zu Fuß gehen müssen, um das Haus mit dem alten Brunnen vor der Tür zu erreichen.

Die Architektur des »Mouton« verrät dessen ehrwürdiges Alter. Das trägt zur Behaglichkeit in den Räumen bei; auch die Gästezimmer mit ihrem alten Gebälk sind – bei aller moderner Ausstattung – sehr urig.

In einem solchen Haus gehört es zur Tradition, dass der Chef selbst am Herd steht. Er nennt seine Küche übrigens »gutbürgerlich«, aber sie ist doch ein wenig mehr, nämlich von ausgesuchter Raffinesse und bietet keineswegs nur Spezialitäten aus dem Elsass wie Sauerkraut oder den berühmten Zwiebelkuchen, der hier auf einem großen Holzbrett serviert wird (und für zwei reicht!). Alle Weine sind auch glasweise erhältlich, wobei die gepflegten Rieslinge (Mandelberg, Kirchberg, Geisberg, Schlossberg) einen besonderen Platz einehmen. Den Gewuerztraminer Fürstentum zu kosten, empfiehlt sich zum oder nach dem Dessert.

Sparen Sie sich Ihre Bemühungen im Schulfranzösisch: Wie fast überall im Elsass, wird hier deutsch verstanden und gesprochen. Auch an den meisten Nachbartischen: Es sind überwiegend Gäste aus dem Baslerland und aus dem Freiburgischen, die gern hierher kommen.

LES VIEILLES TOURS
HAMEAU DE LAFAGE,
F-46500 ROCAMADOUR (LOT)
TEL. 0033 565 33 68 01
FAX 0033 565 33 68 59
E-mail: roger.zozzoli@wanadoo.fr

Anreise: Von der N140 Brive-Gramat/Figeac führt die Abzweigung D673 nach l'Hospitalet; der Straße weitere 2,8 km folgen bis zur Abzweigung rechts nach Lafage. Am Ende der Straße liegt Les Vieilles Tours.
Entfernung von Rocamadure 4 km, Cahors 50 km, Figeac 46 km.
Kreditkarten: Euro/Master, Visa, DC, Amexco.
Zahl der Zimmer: 16.
Zimmerpreise: 54 bis 92 Euro.
Parkmöglichkeiten auf dem Grundstück.
Warme Küche: 12:30 - 14:00 und 19:30 - 22:00 Uhr.
Plätze im Restaurant: 40.
Ruhetag: keiner.
Betriebsferien: 15. November bis 31. März.
Freizeit und Erholung: Ausflüge zu den Schlössern und Höfen aus dem 12. Jahrhundert wie Bassignac-le-Bas, Beaulieu, Ménoire, Birvezac oder Monceaux-sur-Dordogne. Kanusport auf der Dordogne.
Besitzer: Roger Zozzoli.

Die Region an beiden Ufern der romantischen Dordogne ist ein einziges landschaftliches Paradies, das mit zahlreichen historischen Bauten oder zumindest doch eindrucksvollen Resten da-

von aufwarten kann. Eine der vielen Burgen ist die der beiden »alten Türme« mit ihrer Dependance, nicht weit von den Ortschaften Le Hospitalet und Rocamadour in idyllischer Lage und für eine stilvolle Herberge wie geschaffen.
Das Ambiente der geschmackvoll ausgestatteten Gästezimmer im »Vieilles Tours« harmonisiert mit dem Gemäuer dieser 400 Jahre alten Residenz; alle Details, die Möbel und Stoffe sind mit Stilsicherheit und Liebe ausgewählt. Marie-Claude und Roger Zozzoli haben es verstanden, diesem Anwesen den Charme vergangener Zeiten wiederzugeben, als sie vor einigen Jahren in dem historischen Gemäuer ein Hotel und ein Restaurant einrichteten.
Mit internationalen Standardgerichten wird der Gast hier ganz sicher nicht konfrontiert. Vielmehr legt man Wert auf eine Karte mit regionalen Spezialitäten, und ihre Auswahl wechselt häufig. Der Koch kauft selbst auf dem Markt ein und stellt seinen Speisezettel nach dem zusammen, was frisch und gut ist. Es ist daher am besten, sich bei der Wahl des Menüs beraten zu lassen (Preise von 20 bis 50 Euro), das gleiche gilt für die Wahl des Weins. Die Weinkarte ist ebenfalls regional gehalten und wartet mit guten Tropfen von Cahors und von der Garonne auf, die sämtlich einen bekannten Namen haben.

GRAND HÔTEL TALABARDON
PLACE DE L'EGLISE,
F-29681 ROSCOFF (FINISTÈRE)
TEL. 0033 298 61 24 95
FAX 0033 298 61 10 54
E-mail: talabardon@sci.com
Internet: www.transtel./to/talabardon

Anreise: Bei der Zufahrt zur Stadt (Centre Ville) von der D58 weisen auffällige, blaue Schilder zum Hotel. In der Altstadt von Roscoff ist es sehr eng, die Zufahrt zum Hotel führt durch eine Fußgängerzone.
Entfernung von Brest 70 km, St Brieuc 104 km.
Kreditkarten: Euro/Master, Visa, DC, Amexco, JCB.
Zahl der Zimmer: 40.
Zimmerpreise: 62 bis 76 Euro, Halbpension ab 64 Euro pro Person.
Parkmöglichkeiten rings um die Kirche; das Hotel verfügt auf der anderen Seite der Kirche auch über eine Anzahl Garagen.
Warme Küche: 12:30 - 14:00 und 19:30 - 21:30 Uhr.
Plätze im Restaurant: 100.
Ruhetag: Donnerstagmittag hat das Restaurant geschlossen.
Betriebsferien: Das Haus hat ganzjährig geöffnet.
Freizeit und Erholung: Zahlreiche Museen und Galerien in der Stadt, Besichtigung von Altstadt und Hafen, Bootsausflüge zum Archipel Ile de Bréhat.
Besitzer: Claude und Brigitte Talabardon

Roscoff ist ein alter Handels- und Fischereihafen am nördlichen Zipfel der Bretagne und hat auch in der politischen Ge-

schichte eine Rolle gespielt: Hier landete Maria Stuart 1548 als Sechsjährige und wurde dem König vorgestellt; zehn Jahre später vermählte man sie mit dem Dauphin de France. Viele Gebäude aus vergangenen Jahrhunderten sind in Roscoff erhalten geblieben. Nicht zuletzt ist die Stadt auch als Heimat der »Zwiebelbauern« berühmt beworden, die noch bis in die 1930er Jahre ihre Bollen zentnerweise mit kleinen Booten über den Kanal zu den britischen Inseln brachten.

Zu den historischen Gebäuden der Stadt gehört das alte Grand Hotel an der Kirche Sainte Marie, das sich nach mehrfachem Eigentümerwechsel seit 1895 in Familienbesitz befindet und heute von Claude und Brigitte Talabardon geführt wird. Als Ausgangspunkt der Fährschiffe nach England und Irland hat Roscoff meist Durchgangsgäste, die nur eine Nacht bleiben – eigentlich schade, denn der Platz hat viel Sehenswertes zu bieten, und die Karte des Restaurtants Talarbardon lädt zum Probieren etlicher Spezialitäten ein. Zu ihnen gehören zum Beispiel die Poëlée de gambas au gingembre, das Suprême de barbue aux deux selleries oder le Hommard grillé du pays.

Dass das Haus heute zur Gruppe der amerikanischen »Best Western« Hotels gehört, mag erstaunen, sollte aber nicht zu einer Fehlbeurteilung verleiten.

Abwechslungshalber sollten Sie in Roscoff, wenn Sie einen weiteren Abend einplanen können, eine der besten und originellsten Crêperien in der Altstadt besuchen, sie heißt »Tal-an-Ilitz« und ist nur wenige Meter vom Hotel entfernt im Haus Nr. 13. Mehr als 50 Crêpes de Froment und de Sarrasin sowie zwei Menüs, ebenfalls nur aus Crêpes bestehend (8,80 und 12 Euro) bietet die Karte. Im kleinen, in hellem Holz gehaltenen Raum haben maximal 28 Gäste Platz. Geöffnet wird um 18 Uhr.

CHÂTEAU D'ISENBOURG
F-68250 ROUFFACH (HAUT-RHIN)
TEL. 0033 389 78 58 50
FAX 0033 389 78 53 70
E-mail: contact@isenbourg.com
Internet: www.isenbourg.com

Anreise: Von der N83 Richtung Belfort in Rouffach Süd abfahren, 1200 m in die Ortschaft bis zum Hospital, rechts zur Altstadt bis zur Ampel hinter der Kirche, 300 m links den Berg hinauf bis zur nächsten Hauptstraße, dort rechts bis zur Auffahrt zum Château.
Entfernung von Colmar 15 km, Mulhouse 30 km.
Kreditkarten: Euro/Master, Visa, DC, Amexco, JCB.
Zahl der Zimmer und Suiten: 40.
Zimmerpreise: 138 bis 250 Euro, Suiten von 325 bis 375 Euro.
Parkmöglichkeiten unten an der Zufahrt zum Schloss und 12 Plätze oben vor dem Haus.
Warme Küche: 12:30 - 14:00 und 19:30 - 22:00 Uhr.
Plätze im in zwei Restauranträumen: 38 und 60.
Ruhetag: keiner.
Betriebsferien: Ende Januar bis Mitte März.
Freizeit und Erholung: Eigener Tennisplatz (im ehemaligen Burggraben), Swimmingpool (innen/außen), Golf, Besichtigung der Altstadt von Rouffach, die Romanische Straße mit ihren Weingütern, das Automobilmuseum in Mulhouse.
Geschäftsführung: Inge Meitinger.

Idealer könnte dieses historische Schloss am Fuße der Vogesen mit seinen beiden unterschiedlichen Türmen nicht gelegen sein.

Von seinen Terrassen aus hat man einen herrlichen Blick auf die Gassen der historischen Altstadt von Rouffach; auf den anderen Seiten erstrecken sich Hügel mit Rebstöcken. Die Mauern des Hauses ruhen über Gewölbekellern aus dem 12. Jahrhundert. Isenbourg ist aber noch sehr viel älter: Der erste Gast, den die Überlieferung auf der alten »Eisenburg« verzeichnet, war Karl der Große; er signierte hier im Jahre 800 eine Charta, die Mönchen des Heiligen Victor von Marseille das Recht einräumte, von Schiffsführern, die am Rheinufer vor Anker gingen, eine Steuer zu erheben. Auch Kaiser Heinrich V war 1106 Gast auf Isenbourg, und es folgten im Lauf der Jahrhunderte noch zahlreiche weitere Potentaten, von denen die Geschichte teils Legenden, teils belegbare Fakten überliefert hat.

Das klassisch eingerichtete Château mit seiner weit zurück reichenden Geschichte ist heute nicht nur ein Platz für Elsassbesucher, die erholsame Ferien verbringen wollen, sondern auch ein Mekka für Gourmets, und dass man im Salle Dagobert oder im Prince d'Eveque angesichts alter Rüstungen und antiker Gobelins nicht in Jeans und T-Shirt aufkreuzt, versteht sich von selbst. Hier macht das Dinieren besonderen Spaß, weil Didier Lefeuvre und sein Team den Gast nicht nur liebevoll umsorgen, sondern weil man auf einen festlichen Abend eingestimmt wird, sei es durch Beethovens Eroica, sei es durch einen Rundgang durch die eindrucksvollen Gewölbe des Souterrain, der auch einen Blick in die Küche gestattet.

Nach dem Menü, dessen kulinarische Akzente vielleicht ein Croustillant de pigeon, ein zartes Mignon de veau au langoustines oder ein delikates Zanderfilet bilden und von einem Soufflet de chocolat chaud vollendet wird, sollten Sie einen elsässischen Schnaps in der Bar genießen.

RESTAURANT LE PARADIS
AVENUE DU PARADIS,
F-63130 ROYAT (PUY-DE-DÔME)
TEL. 0033 473 35 85 46
FAX 0033 473 35 64 41

Anreise: Royat liegt im Westen von Clermont-Ferrand und ist am besten von der N89 Richtung Tulle zu erreichen; die este Abfahrt rechts ist nach Royat ausgeschildert.

Entfernung von Clermont-Ferrand 2 km, Lyon 184 km, Bourges 190 km.
Kreditkarten: Euro/Master, Visa, DC, Amexco.
Keine Übernachtungsmöglichkeit.
Parkmöglichkeiten auf dem Grundstück.
Warme Küche: 12:00 - 14:00 und 20:00 - 22:00 Uhr.
Plätze im Restaurant: 84.
Ruhetag: Sonntagabend und am Montag hat das Restaurant geschlossen.
Betriebsferien: Das Haus hat ganzjährig geöffnet.
Freizeit und Erholung: Besichtigung der Burgruine von Royat, Radwandern, Ausflüge in die Umgebung.

Die Festung, die das Feinschmeckerrestaurant »Le Paradis« beherbergt, hat schon vor der christlichen Zeitrechnung existert und geht auf die Epoche der römischen Besetzung des Landes zurück. Im Verlauf der Kämpfe zwischen Galliern und Römern wurden viele Ansiedlungen zerstört, wieder aufgebaut, abermals zerstört; eine große Zahl von Zeugen jener Ära sind an vielen Plätzen Frankreichs zu finden. So auch in jenem Teil der Auvergne, in welchem Royat liegt. Die Festung am Stadtrand

von Clermont-Ferrand diente später dem Herzog Waiffre von Aquitanien als Residenz, ehe es von den Truppen Pipin des Kurzen (Vater Karl des Großen) zerstört wurde. 1842 hat man zugeschüttete Thermalquellen entdeckt, in denen schon die römischen Legionäre badeten, und so entstand hier in den zweiten Hälfte des 19. Jahrhunderts ein Kurbetrieb.

Das Haus, in welchem sich heute das Dreisterne-Restaurant »Le Paradis« befindet, ist ein Lokal bester Reputation, das vor allem Gäste aus Clermont-Ferrand aufsuchen. Unter alten Bäumen bei einem wunderschönen Blick hinunter aufs Tal und auf die Stadt ein Mittag- oder Abendessen zu genießen, die Kulisse der alten Burg im Hintergrund, ist ein Erlebnis. Aber auch in den Räumen diniert sich's stilvoll: Ein Hauch der Gründerzeit verleiht ihnen das Flair von la vieille France. Die Besichtigung der Burg ist übrigens ausschließlich den Gästen des Hauses vorbehalten.

Die Küche der Auvergne ist für ihre Herzhaftigkeit berühmt, wobei die Preise, die man im »Paradis« zahlt, angemessen sind. Das Hauptgericht beim Menu Regional zu 15 Euro ist ein herrliches Confit de canard a l'Auvergne, ferner stehen ein Eminence d'agneau de lait mit Koriander oder ein Croustillant de saumon aux agrumes auf dem Programm, und beim Käse hat die Auvergne ebenfalls eine umfangreiche Auswahl zu bieten. Das Menu gastronomique zu 38 Euro beginnt mit einer Entenleberpastete. Das ist das Gefährliche, zugleich aber auch das Schöne an den Kalorien: Sie schmecken halt am besten! Beim Wein sollten Sie der Empfehlung des Hauses folgen – und die lautet vermutlich: Wählen Sie einen Vin de Boudes.

LE CALME DES PINS
43, AVENUE ARISTIDE-BRIAND,
F-85100 LES SABLES D'OLONNE (VENDÉE)
TEL. 0033 251 21 03 18
FAX 0033 251 21 59 85
E-mail: calmedespins@wanadoo.fr
Internet: http://perso.wanadoo.fr/calmedespins

Anreise: Von der D945 kommend an der Tankstelle links abbiegen und dem Schild »La plage« folgen, am Ende der Straße (300 m, Kreisverkehr) links; das Hotel liegt an der rechten Seite.
Entfernung von Fontenay-le-Comte 77 km, Niort 120 km.
Kreditkarten: Euro/Master, Visa, DC.
Zahl der Zimmer: 46.
Zimmerpreise: 49 bis 60 Euro.
Parkmöglichkeiten auf der Straße und in der Garage.
Warme Küche: 12:30 - 14:00 und 18:30 - 21:30 Uhr.
Plätze im Restaurant: 100.
Ruhetag: keiner.
Betriebsferien: 1. Oktober bis 31. März.
Freizeit und Erholung: Strand, Sonne, Meer ...
Besitzerin: Mme. Françoise Nicou-Boheras.

Das Hotel besteht aus zwei um 1899/1900 erbauten ehemaligen Privathäusern, die den Charme des Fin-de-Siècle ausstrahlen. 1947 wurden sie zu einem Hotel umgebaut, nachdem die Besitzerin sie ihren Töchtern vererbt hatte. Die Gebäudekombination wurde erst erst kürzlich renoviert, man hat ihnen aber die Charakterstik belassen, die viele vergleichbare Häuser in traditionsreichen, vielbesuchten Badeorten längst eingebüßt

haben. Les Sables d'Olonne ist ein solcher Ort; die breite Uferpromenade und die Gegend um den Hafen legen davon Zeugnis ab. Der Trubel der bis spät in die Nacht lebhaft frequentierten Flaniermeilen erreicht das »Hôtel de Calme de Pins« jedoch nicht, obwohl es keine fünf Fußminuten vom Strand entfernt liegt. Ein ideales Feriendomizil also für Menschen, die nach dem Strand- und Aprèsstrandvergnügen ein Quantum Nachtruhe in stilvollem Ambiente schätzen. Die Farben Altrosa, Blaugrau und ein blasses Türkis bestimmen das Dekor des Hauses. Hier quartieren sich Gäste ein, die eine ausgezeichnete Küche lieben. Die Chefin des im Familienbetrieb geführten Hauses hat das Glück, einen in der Bretagne ausgebildeten (und dort mit besonderen Ehrungen ausgezeichneten) Koch beschäftigen zu dürfen, der zugleich ihr Sohn und designierter Nachfolger ist: Anthony Boheras. Aus der Bretagne hat der Patron-in-spe jede Menge raffinierter Rezepte rund um das Thema Fruits-de-mer mitgebracht. Die Menüpreise zwischen 13 und 34 Euro liegen unter denen anderer guter Häuser dieser Kategorie, weil diese meist den Meeresblick mit auf die Rechnung setzen, auf den man während des Abendessens ja auch verzichten kann.

Geben Sie sich als Insider zu erkennen und bestellen Sie einen Wein von der Domaine Olivier in St. Nicolas-de-Bourgueil. Eine bessere Wahl können Sie ohnedies kaum treffen. Leider erhält man ihn nur selten im Handel; er wäre es wert, kartonweise mit nach Hause genommen zu werden.

GRAND HÔTEL SAINT-AIGNAN
7-9, QUAI JEAN-JACQUES DELORME,
F-41110 SAINT-AIGNAN-SUR-CHER
(LOIR-ET-CHER)
TEL. 0033 254 75 18 04
FAX 0033 254 75 12 59

Anreise: Von Blois an der Loire der D956 nach Süden Richtung Vineuil und Contres folgen, von dort führt die D675 nach St.-Aignan. Nach der Brücke über den Fluss links abbiegen; die Parkeinfahrt des Hotels liegt nach 300 m in einer leichten Kurve. Von Tours führt die N76 am südlichen Cher-Ufer entlang und direkt am Hotel vorbei.
Entfernung von Blois 42 km, Tours 73 km.
Kreditkarten: Euro/Master, Visa, DC, Amexco.
Zahl der Zimmer: 20.
Zimmerpreise: 23 bis 57 Euro.
Parkmöglichkeiten in dem geschlossenen Hof neben dem Haus.
Warme Küche: 12:30 - 14:00 und 19:00 - 21:30 Uhr.
Plätze im Restaurant: zwei Räume zu je 40 Plätzen.
Ruhetag: Sonntagabend sowie Montag- und Dienstagmittag hat das Restaurant geschlossen.
Betriebsferien: In der zweiten Novemberhälfte.
Freizeit und Erholung: Rundgang durch die histor. Altstadt, Bootsausflüge auf dem Cher, Angeln, Ballonfahrten (France Montgolfiers), Besichtigung des Château de Fougères-sur-Bièvre.
Besitzer: Mr. und Mme. Chapelot.

Seit gut 150 Jahren existiert am Ufer des Flusses Cher jene Herberge, die den stolzen Namen »Grand Hotel« trägt – damals

pflegte man mit solchen Bezeichnungen Gästen zu imponieren, die mit dem Zug angereist kamen und sich an den Aufschriften der am Bahnhof warteten Pferdeomnibusse orientierten. So ließ man sich eben zum Ersten Haus am Platze kutschieren, und das gehörte der Familie Berthon-Nivet. Und als es gegen 1880 modern wurde, sich mit dem Fahrrad fortzubewegen, beeilte sich der Hotelier, den Hinweis »Rendez-vous des Cyclistes« an die Fassade malen zu lassen.

In Saint-Aignan etablierten sich zwar noch einige weitere Hotels, doch das »Grand Hotel« blieb die Nummer Eins. Tradition und Stilbewusstsein prägen auch heute noch die Atmosphäre des Hauses, dessen architektonische Großzügigkeit nur ein wenig gelitten hat, als man die Nationalstraße 76 so sehr verbreiterte, dass kaum noch Platz für einen Bürgersteig blieb.

Gleichwohl haben das Hotel und das Restaurant dadurch keine Einbußen erlitten. Mittags und auch abends speisen hier die anspruchsvolleren Bürger der Stadt und werden nach dem Essen vom Patron gefragt, ob sie denn auch (wie immer) zufrieden waren. Und das waren sie mit Sicherheit. Denn das Escalope de merlin oder das Cronsillant de Jarret de veau au Sauvignon haben wohl noch keinen Gast enttäuscht. Die Menüpreise bewegen sich zwischen 15 und 35 Euro, und 9,50 Euro für eine Flasche La Ferme du Comte ist geradezu verdächtig günstig ... Genehmigen Sie sich zum Nachtisch ein Craquant praliné sauce caramel, bevor Sie einen Abendspaziergang hinunter zum Cher absolvieren und dann ihr kleines Zimmer aufsuchen, in welchem vielleicht einst der Postillon der Linie Tours-Montluçon zu nächtigen pflegte. Die größeren Räume waren den Voyageurs vorbehalten, die dafür zwei Goldfranken pro Nacht zahlten – das Abendessen eingeschlossen, bien entendu.

PEN'ROC
LA PENIÈRE,
F-35220 SAINT-DIDIER (ILLE-ET-VILAINE)
TEL. 0033 299 00 33 02
FAX 0033 299 62 30 89
E-mail: hotellerie@penroc.fr
Internet: www.penroc.fr

Anreise: St. Didier erreicht man über die Autobahn A81 Le Mans–Rennes, Ausfahrt Châteaubourg zur D857, durch die Ortschaft Chêne, danach auf die VD405 nach Pen'Roc. Das Hotel liegt am Ende einer großen Alleezufahrt.
Entfernung von Vitre 11 km, Rennes 20 km, Laval 40 km.
Kreditkarten: Euro/Master, Visa, Amexco.
Zahl der Zimmer: 31.
Zimmerpreise: 37 bis 45 Euro.
Parkmöglichkeiten auf dem Gelände vor dem Haus.
Warme Küche: 12:00 - 14:00 und 19:30 - 21:00 Uhr.
Plätze im Restaurant: 60 in zwei Räumen.
Ruhetag: In den Monaten Oktober bis April hat das Restaurant Freitagabend und Sonntagmittag geschlossen.
Betriebsferien: Das Haus hat ganzjährig geöffnet.
Freizeit und Erholung: Fitnesscenter mit Sauna im Haus, Golf in der Nähe, Besichtigung des Château de Vitré, Uhrenmuseum in Fougères.
Besitzer: Guy und Mireille Gérault.

Es war einmal ... so fangen viele Geschichten um historische Gasthöfe an. Auch das Pen'Roc hat eine weit zurück reichende Historie, wenngleich man sie dem Haus nicht ansieht. Das Ho-

tel ging aus ein einem Bauernhof hervor, der an diesem Fleck in unmittelbarer Nähe zu der Kapelle »Notre Dame de Peinière« stand. Und weil zu vielen religiösen Anlässen Wallfahrer kamen, die Quartier suchten, richtete der Bauer einige Zimmer für Gäste ein.

Die Legende berichtet von einem Einsiedler, der hier lange vorher lebte und dessen Hütte bei seinem Tode spurlos vom Erdboden verschwand. An nämlicher Stelle entdeckte später ein Landmann in der Nähe einer Quelle eine kleine Marienstatue, die er mit nach Haus nahm – und die über Nacht aber wieder verschwand. Er fand sie nächstentags dort, wo er sie entdeckt hatte. Auch ein Priester, der die Statue zu sich nahm und in die Sakristei einschloss, erlebte dasselbe. So errichtete man am Fundort neben der Quelle schließlich die Kapelle, wo die Statue ihren endgültigen Platz bekam.

1949 übernahmen Joseph und Germaine Froc den alten Hof neben der Kapelle und machten aus dem Anwesen ein Landhotel. Das »Pen'Roc« (Haus auf dem Felsenkopf) wird nach wie vor von Wallfahrern aufgesucht, aber es entwickelte sich auch zu einem Treffpunkt der Gourmets, denn Joseph Froc jr. erwies sich als ein hervorragender Interpret der Nouvelle Cuisine. 1989 vernichtete ein Feuer das historische Haus, an dessen Stelle das heutige Pen'Roc wiedererrichtet wurde. Unter der Leitung von Mireille Froc avancierte es zu einem gepflegten Hotel mit 34 Zimmern und einer Küche, die mit vielen regionalen Besonderheiten aufwartet. Erweisen Sie sich Genießer und bestellen Sie zur rosa gebratenen Ente auf Mandelmus (Médaillons magret de canard au mousseline d'amandes) einen Clos de la Briderie de la Touraine Mesland und zum Dessert ein warmes Fondant au chocolat mit Birnen-Sorbet.

CHÂTEAU GRAND BARRAIL
ROUTE DE LIBOURNE,
F-33330 SAINT-EMILION (GIRONDE)
TEL. 0033 557 55 37 00
FAX 0033 557 55 37 49
E-mail: reception@grand-barrail.com
Internet: www.grand-barrail.com

Anreise: Autobahn A89 Bordeaux-Périgeux, Ausfahrt Libourne und St. Emilion. Auf der D243 von St. Emilion Richtung Libourne; das Château Barrail ist sehr gut ausgeschildert.
Entfernung von Bordeaux 40 km, Périgueux 80 km.
Kreditkarten: Euro/Master, Visa, DC, Amexco, JCB
Zahl der Zimmer: 23 Zimmer und 5 Suiten.
Zimmerpreise: 125 bis 285 Euro.
Parkmöglichkeiten vor dem Portal des Hotels.
Warme Küche: 12:00 - 13:15 und 19:30 - 21:15 Uhr.
Plätze in drei Restaurants: 40, 60 und 90; Tagungs- und Gruppenarbeitsräume (vorzugsweise für Weinseminare).
Ruhetag: keiner.
Betriebsferien: Im Januar und zwei Wochen Ende November.
Freizeit und Erholung: Besichtigung der Schlösser und Weingüter der Region St. Emilion; Tennis, Golf, Schwimmen.
Geschäftsführer: Patrick Freiburghaus.

Das unter deutsch-schweizerischer Leitung stehende Château de Barrail war im 17. Jahrhundert eine Chartreuse (Kartäuserkloster) und wurde 1902 von René Bouchard, Mälzer und Ritter der Ehrenlegion, in ein Lustschloss umgebaut; hier zog er sich mit zwei (!) seiner Geliebten zurück; die gemeinsame Toch-

ter, die er mit der einen hatte, lebte bis 1937 auf Grand Barrail. Noch dreimal wechselte das Château – dessen vorletzter Besitzer 1954 die Weinberge verkauften musste, um das Anwesen erhalten zu können – den Eigentümer und gehörte zum Schluss dem Schrifsteller George Clément, ehe es 1988 von der Familie Gross aus Saarbrücken übernommen und einer liebevollen Restaurierung unterzogen wurde. Als Hotel öffnete es seine Pforten im Jahre 1993. Inzwischen ist es mit seiner exquisiten Vier- sterne-Gastronomie eines der großen Häuser der Region Lamarzelle-Figeac bei St. Emilion und gehört zu den »Small Luxury Hotels of the World«. Aus jedem Fenster des feudalen Schlosses blickt man über die unendlichen Reihen der Rebstökke einer bekannten Provenienz – dass es der Himmel und die Sonne mit diesem Landstrich Frankreichs besonders gut meinen, ist offenkundig. Das Haus verfügt über 23 Zimmer und fünf Suiten, stilvoll eingerichtet und mit jedem Komfort versehen. Die Nähe zur vielbefahrenen Bezirksstraße muss als kleines Handicap in Kauf genommen werden.

Südwestfranzösische Feinschmeckerküche kennzeichnet die Karte der drei Restaurants. Tischkultur wird besonders groß geschrieben. Hier zu dinieren, ist ein auserlesenes Vergnügen, der Service an Perfektion kaum zu überbieten. Chef-Cuisinier ist Jean Guichaoua – seine Kreationen umfassen zum Beispiel Hummer mit Ingwersoße, gebackene Tauben, Lammschulter mit Koriander oder Ente in Rotwein mit Minze und Selleriechips.

Fast ist es müßig, die Weine zu nennen, die in Grand Barrail kredenzt werden: Selbstverständlich sind es nur die besten Lagen und Jahrgänge vom Pomerol, Entre-deux-Mers und St.-Emilion. Aber auch dem Wunsch nach einem Elsässer Riesling kann entsprochen werden.

LE CLOS ST.-GATIEN
ROUTE D77,
F-14130 SAINT-GATIEN-DES-BOIS (CALVADOS)
TEL. 0033 231 65 16 08
FAX 0033 231 65 10 27
E-mail: hotel@clos-st-gatien.fr
Internet: www.clos-st-gatien.com

Anreise: Von der A29 (Pont de Normandie) auf diie D144 Richtung Pont l'Eveque, auf die D579 abbiegen (der Beschilderung St. Gatien Aeroport folgend), nach 2 km rechts auf die D77 bis Saint Gatien-des-Bois; vor dem Ortseingang rechts ist die Zufahrt zum Hof.
Entfernung von Honfleur 8 km, Rouen 56 km, Paris 190 km.
Kreditkarten: Euro/Master, Visa, DC, Amexco.
Zahl der Zimmer: 60.
Zimmerpreise: 58 bis 139 Euro. HP ab 89 Euro pro Person.
Parkmöglichkeiten auf dem Anwesen.
Warme Küche: 12:30 - 14:00 und 19:30 - 21:30 Uhr.
Plätze im Restaurant: 80.
Ruhetag: keiner.
Betriebsferien: 15. Dezember bis 20. Januar.
Freizeit und Erholung: Tennis, Golf (10 min.), Reiten. Ausflüge entlang der »Route Historique des Ducs de Normandie« (Dörfer, Schlösser, Museen zwischen Falaise, Caën, St.-Germain de Livet und Trouville).
Besitzer: Maïthé und Michel Rufin.

Die reizvolle Küste mit ihren mondänen Städten Trouville und Deauville ist reich an Hotels der oberen Kategorien, doch in

den wenigsten von ihnen hat sich der Charme jener Epoche gehalten, der dem Feriengast von einst den Aufenthalt an der Küste so angenehm machte. Diese Idylle haben Maïthé und Michel Rufin geschaffen, indem sie 1960 einen uralten Bauernhof, die Ferme Le Clos Saint Gatien, erwarben und in ein Landhotel verwandelten. Nach einem Tag an der Küste kehrt man gern an diese ländliche Oase zurück, um zu relaxen und unter schattigen Bäumen ein Glas kühlen Cidre zu genießen.
Jedes der kleinen maisons colombages (»Taubenschläge«), in denen die Gäste schlafen, besticht durch seine stilvolle, rustikale Atmosphäre; auch das alte Hauptgebäude - wenngleich es auch kürzlich renoviert wurde - weist den Stil und den Charakter eines normandischen Bauernhauses auf. Hier ist heute das Restaurant untergebracht. Sehr gemütlich ist auch das in rotem Leder und altem Holz gehaltene Kaminzimmer.

Die Küche wird von allen Gästen gelobt. Die Menüpreise bewegen sich von 17 bis 60 Euro; als Besonderheiten wäre ein Hure de rable de lapin en gelée des tomates zu nennen oder die vom Chef selbst hergestellte Gänseleberpastete. Die Weinkarte besticht durch preiswerte Angebote: 38 Euro für einen 1996er Paulilac Château Colombier-Monpelou oder 43 Euro für einen 1994er Chassagne Montrachet Clos St. Jean sind als preiswert zu bezeichnen.

Dies ist gewiss ein Platz, um sich als Feriengast verwöhnen zu lassen - die Bauern, die hier einst lebten, hatten sicher kein ganz so sorgenfreies Leben. An der Rezeption werden Sie von Sophie mit ihrem charmanten Lächeln begrüßt, nur wenn man sie nach Einzelheiten zur der antiken Harley-Davidson fragt, die im Hauseingang parkt, könnte man sie in Verlegenheit bringen.

HOSTELLERIE SAINT-GERMAIN
ROUTE D120,
F-39210 SAINT-GERMAIN-LES-ARLAY (JURA)
TEL. 0033 384 44 60 91
FAX 0033 384 44 63 64

Anreise: Von der N83 Bourg-en-Bresse nach Dôle hinter Lons auf die D120 nach St.-Germain-les-Arlay abbiegen; das Haus liegt unmittelbar am Ortseingang links.
Entfernung von Lons 9 km, Dôle 40 km, Bésançon 72 km, Dijon 90 km.
Kreditkarten: Euro/Master, Visa, DC, Amexco.
Zahl der Zimmer: 8.
Zimmerpreise: 46 bis 62 Euro
Parkmöglichkeiten ausreichend hinter dem Haus.
Warme Küche: 12:30 - 14:00 und 19:15 - 21:30 Uhr.
Plätze im Restaurant: 60 in drei Räumen.
Ruhetag: Dienstag (nur vom 15. Oktober bis 31. März).
Betriebsferien: Das Haus hat ganzjährig geöffent.
Freizeit und Erholung: Besichtigung vom Arbois mit seinen Geschäften und Museen, Höhlenexkursionen, Fischen, Wandern, Besuch der Weingüter.
Besitzer: Géraldine und Jacques Bertin.

Abseits und doch in Nähe der vielbefahrenen N83 Richtung Dôle liegt diese Poststation aus dem Jahre 1632: Damals führte die Route von Bourg-en-Bresse nach Bésançon direkt am Haus vorbei. Es war die Straße der Römer – heute heißt sie die Straße des Juraweins oder schlicht D120. Der historische Bau verrät auch im Interieur, dass er ein stolzes Alter hat, wobei

Géraldine und Jacky Bertin (der übrigens perfekt Deutsch spricht) es verstanden haben, die großartige Substanz vergangener Jahrhunderte mit viel Feingefühl zu behandeln; das Ambiente dieses Hauses ist hier gewiss nicht als eine einfache Anhäufung von Antiquitäten zu verstehen. Schwere alte Eichenholzmöbel, schöne Teppiche auf dem Steinfußboden, edles Porzellan und wertvolle Stoffe ergeben in ihrer Kombination eine Atmosphäre, die zum längeren Verweilen einlädt. Und dafür gäbe es auch weitere Gründe, denn die Region hat viel zu bieten, nicht nur dem Weinfreund.

Jacky Bertins kulinarische Spezialitäten – seine Küche ist immerhin mit drei Sternen ausgezeichnet – entsprechen einer bodenständigen Cuisine, wobei er seinen Gästen am liebsten Gerichte empfiehlt, die mit dem hochrangigen, in dieser Gegend des französischen Jura sehr beliebten Vin Jaune (wie ihn die Domänen Rolet oder Abbaye de St. Laurent liefern) angemacht sind, verschiedene Poularden oder ein Crémeux aux Morilles zum Beispiel. Die Karte ist sehr reichhaltig (Menüs ab 35 Euro) und lädt zum Studieren ein, aber den Empfehlungen des Hauses zu folgen ist auch nicht verkehrt. Das gleiche gilt für die Weine, die hier von ausgezeichneter Qualität sind.

Das Haus verfügt über nicht mehr als acht wunderschön eingerichtete Zimmer, aber über drei Restauranträume, eine große, schattige Platanenterrasse (das ist selten im unteren Jura) und – nicht zu vergessen – über einen Service, der ebenso viele Sterne verdient hat wie die Küche des Chefs.

HOSTELLERIE LES AIGUILLONS
LE BEUIL,
F-24320 SAINT-MARTIAL-VIVEYROLS
(DORDOGNE)
TEL. 0033 553 91 07 55
FAX 0033 553 91 00 43
E-mail: lesaiguillons@ad.com
Internet: www.hostellerielesaiguillons.com

Anreise: Angoulême-Périgueux D939 nach Süden; zur D1 durch das Dorf St.-Martial, danach links auf die C201; nach 3 km weist ein Schild nach links, wo es ca. 1 km den Hügel hinauf geht.
Entfernung von Angoulême 39 km, Périgueux 42 km, Bordeaux 110 km.
Kreditkarten: Euro/Master, Visa, DC, Amexco.
Zahl der Zimmer: 8 Zimmer, eine Suite.
Zimmerpreise: 50 bis 63 Euro, Suite 84 Euro.
Parkmöglichkeiten gegenüber dem Anwesen.
Plätze im Restaurant: 40, auf der Terrasse 60.
Ruhetag: Sonntagabend und Montag.
Betriebsferien: Das Haus hat ganzjährig geöffnet.
Freizeit und Erholung: Tennis, Reiten, Ausflüge ins Périgord, Besichtigung der Stadt Angoulême (39 km).
Besitzer: Mr. Beeuwsaert.

Auch diese Hostellerie ist (noch) ein Geheimtip. Sie entstand erst vor acht Jahren, als eines der ältesten und am schönsten gelegenen Bauernhäuser über dem Périgord Blanc aus dem 16. Jahrhundert, seit langer Zeit verlassen und dem Verfall preis-

gegeben, von Jean Beeuwsaert erworben und in ein kleines Hotel verwandelt wurde. Mit nicht mehr als acht im Landhausstil eingerichteten Zimmern ist es klein genug, um familiäre Atmosphäre auszustrahlen, Das Haus weist immerhin drei Logis-de-France-Kamine auf und wird sehr professionell geführt. Die alten Mauern, dunkle Holzbalken und viel bäuerliches Dekor erinnern an die Vergangenheit des Anwesens, und ein schöner Tagesausklang ist es, den Digestif in dem gepflegten Garten oder auf der Terrasse zu nehmen und den Blick über die Weite der Landschaft des Périgord schweifen zu lassen. Den Horizont begrenzen Felder, Wälder und vereinzelte Bauernhäuser, die in der Region Charente einen dekorativen Baustil aufweisen.

In der Küche waltet der Cuisinier Christophe seines Amtes und hat interessante Angebote im Repertoir. Die Menüpreise von 28 bis 48 Euro sind im Verhältnis zum Gebotenen als bescheiden zu bezeichnen. Zu den Spezialitäten des Hauses zählen das Carpacccio de magret de canard, das Filet d'agneau rôti, ein zarter Dos de sandre au miel et romarin und ein heiß serviertes Soufflée mit Nüssen. Der Preis für das Menu Terroir & Vin von 28 Euro schließt einen Viertelliter Landwein ein. Eine Delikatesse dieser Gegend sind im Sommer die Erdbeeren – sie haben den etwas würzigeren Geschmack von Walderdbeeren und werden zu köstlichen Desserts verarbeitet.

Unter den Weinen wären der Château de la Jambertie (ein roter Bergerac) und der Tour Signy (Haute Poitou) hervorzuheben; die Preise auf der Weinkarte bewegen sich im mittleren Bereich.

AU PUITS ENCHANTÉ
ROUTE DE VERDUN,
F-71620 SAINT-MARTIN-EN-BRESSE
(SAÔNE-ET-LOIRE)
TEL. 0033 385 47 71 96
FAX 0033 385 47 74 58

Anreise: Auf der Autobahn A32 Dijon-Lyon bis Ausfahrt Chalon-sur-Saône, dort auf die N72 Richtung Dôle, nach 4 km rechts auf die D35 nach St.-Martin-en-Bresse.
Entfernung von Chalon-sur-Saône 15 km, Dijon 56 km, Lyon 90 km.
Kreditkarten: Euro/Master, Visa, DC.
Zahl der Zimmer: 13.
Zimmerpreise: 75 bis 185 Euro.
Parkmöglichkeiten neben dem Haus und im Hof.
Warme Küche: 12:30 - 14:00 und 19:30 - 21:30 Uhr.
Plätze im Restaurant: 50.
Ruhetag: Das Restaurant hat am Dienstagmittag geschlossen.
Betriebsferien: Dezember bis März.
Freizeit und Erholung: Ausflug nach Chalon-sur-Saône, Streifzüge durchs Burgund.
Besitzer: Jacky und Nadine Château.

Kurz vor dem Gasthof »Au Puits Enchanté« (zu übersetzen mit »Zauberbunnen«) endeten einst die Gleise der Regionalbahn von Chalon, und am Ende der Avenue de la Gare gibt es noch das längst gleislose Bahnhofsgebäude, das 2001 einer privaten Restaurierung unterzogen wurde.

Als das Gasthaus neben der Kirche 1885 gebaut wurde, war seine Bestimmung die einer Bahnhofsgaststätte, und unter dem Dach gab es auch ein paar Zimmer, die an Gäste vermietet wurden, die den letzten Zug nach Chalon verpasst hatten. Der Wirt war zugleich ein begabter Kunstmaler, dessen Einkünfte mehr aus dem Verkauf seiner Bilder resultierten als aus der Gastronomie. Seit den vierziger Jahren gibt es die Bahnlinie nicht mehr, und um so mehr Mut gehörte dazu, das Haus umzubauen und als Feinschmeckerlokal wieder zu eröffnen, nachdem es jahrelang einer Familie als Privatdomizil gedient hatte. Der Vater des heutigen Besitzers, Imker aus Passion, wagte 1950 diesen Schritt, und er hatte Erfolg. Aber Honig aus eigener Herstellung verkauft er heute ebenfalls noch.

In dem aus Sandstein gehauenen Rahmen für die Pforte des alten Hauses, heute hinter einem Wintergartenanbau verborgen, ist noch die Jahreszahl 1885 zu erkennen. Ansonsten entspricht das Zweisterne-Hotel dem französischen Provinzstandard der Gegenwart: Erdbeersahne- und pfefferminzfarbene Tapeten, Vorhänge mit floralem Dekor, zweckmäßig-schlichtes Mobiliar in den Gästezimmern – wäre da nicht ein Chefkoch wie Jacky Château, der dem Haus durch das Beste, was die burgundische Region Bresse zu bieten hat, eine gastronomische Sondernote verleiht (worauf besonders sein Vater stolz ist, der heute den Gästen das Frühstück serviert). Sein Noisette de boef, das Eventail de filet de canard à l'aigre-douce de miel et gingembre, die Geflügelgerichte mit frischen Pilzen oder die Fasanen-Consommée sind Kunstwerke wie des Malers, der hier einst wirkte; auch frischer Fisch aus der Saône steht jeden Tag auf der Karte.

MAS DE FIGUES
F-13210 SAINT-REMY DE PROVENCE
(BOUCHES-DU-RHÔNE)
TEL. 0033 475 60 83 55
FAX 0033 475 60 85 21
E-mail: musard@club-internet.fr
Internet: www.provencehotel.fr

Anreise: Auf der N99 von Aix-en-Provence in Richtung Tarascon; an St.-Remy vorbei, nach 5 km links auf die D27 nach Les Baux. 3 km kurvige Fahrt auf enger Straße; nach weiteren 3 km Chemin de Verans folgen; hier steht das erste Hinweisschild »Mas de Figues«.
Entfernung von St. Rémy 4 km, Tarascon 18 km, Avignon 26 km, Arles 30 km.
Kreditkarten: Euro/Master, Visa, DC, Amexco.
Zahl der Zimmer: 6.
Zimmerpreise: Halbpension je nach Saison 75 bis 100 Euro p. P. und Tag.
Parkmöglichkeiten auf dem Grundstück.
Warme Küche: ab 19:30 Uhr.
Plätze im Restaurant: 16.
Ruhetag: keiner.
Betriebsferien: Im Januar.
Freizeit und Erholung: Golf und Reiten.
Besitzer: Philippe Michelot.

Das Anwesen diente bis 1930 einem Ziegenhirt und seinen Tieren als Unterkunft; es stammt aus dem 18. Jahrhundert und war vierzig Jahre lang dem Verfall preisgegeben, ehe ein Gast-

wirt aus Tarascon das Gemäuer erwarb, es restaurierte und zu einer Herberge für Feriengäste umbaute. Allerdings mit wenig Fortüne, und auch sein Nachfolger verstand es nicht, sein Haus mit Gästen zu füllen. Abermals verkam das historische Anwesen zur Ruine. Erst 1995 erwarb Philippe Michelot das »mas«, wie man hier ein ländliches Anwesen nennt, das generationsweise mit Anbauten versehen wurde. Er gab ihm jenen individuellen Charakter, durch den es sich heute von vielen anderen ländlichen Herbergen unterscheidet.

Die Zufahrt – ein weißer Kiesweg – ist durch ein großes Tor geschützt, das sich auf ein Klingelzeichen automatisch öffnet. Schatten spendende Botanik überall, ein großer Feigenbaum direkt vorm Haus, Blumen, Lavendel und Olivenbäume ringsum. Jedes der ebenerdigen Zimmer hat eine eigene kleine Terrasse. Die Räume sind karg, aber mit einigen wunderschönen Antiquitäten möbliert. Für eine familiäre Atmosphäre sorgt Madame Michelot, Mutter des Patron und charmante Gastgeberin aus Passion.

Der Cuisinier Michel Leydet sorgt für das leibliche Wohl seiner Gäste (und spricht ausgezeichnet deutsch). Seine Auswahl an 12 Entrées verrät viel Phantasie, dazu gibt es ein täglich wechselndes Hauptgericht, eine Käseauswahl und ein raffiniert zubereitetes Dessert. Leydet ist stolz darauf, dass sämtliche Gemüse aus dem eigenen Garten kommen, und in der kleinen Gaststube – ein ehemaliger Ziegenstall – kann man ihm beim Zubereiten der Mahlzeiten zuschauen. Die Auswahl an Weinen ist recht begrenzt, aber die Sorten (wie der süffige, leichte Mas Carlin) sind ausgezeichnet.

CHÂTEAU D'ESCLIMONT
F-28700 SAINT-SYMPHORIEN-LE-CHÂTEAU
(EURE-ET-LOIRE)
TEL. 0033 237 31 15 15
FAX 0033 237 31 57 91
E-mail: contact@esclimont.com
Internet: www.esclimont.com

Anreise: Von der Autobahn A11 die Ausfahrt Nr.1 auf die N10, dann an der Kreuzung zur D18 200 m nach Norden über die Brücke bis zum Wasserturm. An der Straßengabelung rechts halten (D122); nach dem Stoppschild liegt 300 m weiter die Einfahrt zum Château auf der rechten Seite.
Entfernung von Chartres 18 km, Dreux 42 km, Paris 110 km.
Kreditkarten: Euro/Master, Visa, DC, Amexco.
Zahl der Zimmer: 47 Zimmer, 6 Apartments.
Zimmerpreise: 145 bis 175 Euro, Suiten 525 bis 725 Euro.
Parkmöglichkeiten vor dem Haus.
Warme Küche: 12:30 - 14:00 und 19:30 - 22:00 Uhr.
Plätze im Restaurant: 100.
Ruhetag: keiner.
Betriebsferien: Das Haus hat ganzjährig geöffnet.
Freizeit und Erholung: Zahlreiche Schlösser und Museen; Ausflüge nach Chartres und Châteauneuf-en-Thymerais. Tennis und Golf-Trainingsplatz (Pitch & Putt) beim Schloss, Golfplatz 15 km (2 x 9 Löcher).
Geschäftsführung: Stephane Jitaux.

Die Residenz derer von Rochefoucauld wurde 1553 auf dem Grund der Domaine d'Esclimont ursprünglich für den Erzbi-

schof von Tours erbaut; als spätere Besitzer sind nach etlichen kriegerischen Auseinandersetzungen der Comte Cheverny (um 1615 Kanzler Frankreichs unter Henri III) und Claude de Boullion verzeichnet, dann die Familie Montmorency und ab 1807 François Sosthène de la Rochefoucauld-Doudeauville, Spross eines berühmten Adelsgeschlechts in Frankreich, verheiratet mit Marie-Sophie von Luxemburg. 1968 starb der letzte direkte Nachkomme dieser Familie auf Esclimont; anschließend wurde das Schloss, eingebettet in einen Park von 60 Hektar Ausdehnung, zu einem Viersterne-Hotel umgewandelt. Es gehört zur Schlösser-Kette »Grandes Etapes Françaises«.

Hervorragendes bietet die von Olivier Dupart geführte Küche. Spezialitäten sind das Dodine de canard du marais au salade Morvandelle, die Epaule d'agneau de Limousin confit su polenta avec jus en thyme oder das Lapin fermier en trois cuissons. Zum Dessert empfiehlt sich ein Chilbouste sorbet goyave au citron vert.

Nicht weniger als 31 Champagnersorten und 238 Weine verzeichnet die Carte des Vins. Vielleicht fragt Sie der Sommelier Thierry Guth, ob es ein 1937er Château Broustet zu 297 Euro sein darf... Aber ein 1997er Ladoix Joseph Drouhin (ein exzellenter Roter aus dem Burgund) zu 37 Euro oder die mundigen Loire-Sorten vom Weingut Jolivet (ab 41 Euro) enttäuschen den anspruchsvollen Gast ebenso wenig.

Ein Spaziergang um das einst vierflügelig gebaute, jedoch nur zweiflügelig erhalten gebliebene Château mit seinen stilvollen Gästehäusern Trianon, Tour des Gardes und Pavillon des Trophées ist nach dem Diner geradezu ein Muss: Schon der Comte de Cheverny wird hier in Begleitung seiner Maîtressen gern lustwandelt haben.

L'AUBERGE
56, ROUTE DE VANNES,
F-56400 SAINTE-ANNE-D'AURAY
(MORBIHAN)
TEL. 0033 297 57 61 55
FAX 0033 297 57 69 10
E-mail: auberge-jl-larvoir@wanadoo.fr

Anreise: Von Vannes auf der N165 Richtung Lorient; nach 5 km rechts abbiegen auf die D19. Das Haus liegt in der Mitte des Dorfes.
Entfernung von Vannes 12 km, Lorient 30 km.
Kreditkarten: Euro/Master, Visa, Amexco.
Zahl der Zimmer: 24.
Zimmerpreise: 38 bis 42 Euro.
Parkmöglichkeiten auf dem Platz neben dem Haus.
Warme Küche: 12:15 - 13:45 und 19:30 - 22:00 Uhr.
Plätze im Restaurant: 22 im kleinen Salon, 29 im Restaurant.
Ruhetag: Dienstag und Mittwoch; im Juli und August Mittwoch.
Betriebsferien: 15. November bis 10. Dezember.
Freizeit und Erholung: In der Nähe (Quistinic) gibt es ein historisches Bauerndorf, im Parc du Golf von Vannes ein Automatenmuseum, in Malansac einen Park mit prähistorischen Tierattrappen; sehenswert ist auch das Château de Josselin. Bootsfahrten auf dem Golf du Morbihan.
Besitzer: Jean-Luc und Françoise Larvoir.

Die touristischen Berater Papst Johannes Paul II mussten sich für einen von drei Gasthöfen entscheiden, in welchem Seine

Heiligkeit am 20. September 1996 das Mittagessen einnehmen sollte, als er anlässlich seiner Frankreichreise in dem 1500-Seelen-Städtchen Sainte Anne d'Auray Station machte. Sie wählten die »l'Auberge« aus – zum Entzücken von Françoise und Jean-Luc Larvoir, die in ihrer Herberge schon so manchen illustren Gast willkommen geheißen hatten.

Mit ihrem schönen Mobiliar in allen Gasträumen, das mit dem Haus alt werden durfte und nicht etwa aus einer Reproduktionswerkstatt stammt, aber auch Kitsch vom Trödelmarkt ist die Auberge eine Mischung zwischen Museum und Kuriositätenkabinett. Jedenfalls ist sie urgemütlich, und wer die Bretagne liebt, findet sie hier auch in gastronomischer Hinsicht. Muscheln, Austern und alle anderen Früchte des Meeres bilden Schwerpunkte auf der Karte. Spätestens beim Gratinée aux médaillons de homard oder bei den gebackenen Langusten im Blätterteig mit einer feinen Kaviarsoße weiß der Gast, dass in der Küche ein Könner am Werk ist. Das Menu de Confiance mit einem Glas Wein zu jedem der zehn Gänge (fünf davon sind Desserts) zu 70 Euro ist eine kulinarische Offenbarung... Das altbretonische Bier, das sich Cervoise Lancelot nennt, passt zwar weder zum Hummer noch zu Austern (es geht hier als Apéritif durch), dafür enthält die Weinkarte jede Menge guter Tropfen, genau 525 Sorten. Der Sommelier ist eine Dame, deren feierliches Schwarz zum ländlich Geblümten der Hausherrin kontrastiert: Françoise Larvoir schwebt als ein fröhlicher Farbtupfer durch das Arrangement der festlich gedeckten Tische.

Der einstige Dorfgastof mit einer Hufschmiede im Anbau war schon im Jahre 1868 eine gut frequentierte Herberge, wie eine erhalten gebliebene Daguerreotypie erkennen lässt.

AUBERGE DE FONTAINE
22, GRANDE RUE,
F-60300 SENLIS / FONTAINE-CHAALIS (OISE)
TEL. 0033 344 54 20 22
FAX 0033 344 60 25 38

Anreise: Von Ermenonville aus Richrung Paris auf der N330, dann auf der D128 rechts ab nach Fontaine-Chaalis. Im Dorf die erste Straße nach rechts; die Auberge ist ausgeschildert.
Entfernung von Senlis 8 km, Flughafen Charles-de-Gaulle 18 km, Compiègne 35 km, Paris Zentrum 43 km.
Kreditkarten: Euro/Master, Visa, Amexco, DC.
Zahl der Zimmer: 8 Zimmer, eine Suite.
Zimmerpreise: 41 bis 84 Euro.
Parkmöglichkeiten nur auf der Straße.
Warme Küche: 12:30 - 14:00 und 19:00 - 21:30 Uhr.
Plätze im Restaurant: 18, im Nebenraum 30, im Garten 40.
Ruhetag: Vom 1. Oktober bis 31. März hat das Restaurant am Dienstag geschlossen.
Betriebsferien: Das Haus hat ganzjährig geöffnet.
Freizeit und Erholung: Jean-Jacques Rousseau-Park, Astérix-Park für Kinder.
Besitzer: Dominique und Karine Richard.

Acht winzige, krummbodige Zimmer und eine Minisuite, fünf Sorten gängiger Schnäpse, zwei Menüs und über dem Eingang zur Auberge eine blecherne Türschelle, die wie die in einem Tante-Emma-Laden scheppert: Dieses Haus ließe sich als »originell« beschreiben. Es macht mit seinem beschädigten Schild über der Pforte den Eindruck eines etwas heruntergekomme-

nen Dortfgasthofes, hat jedoch so viel Charakter, dass der Gast geneigt ist, Unzulänglichkeiten in Kauf zu nehmen.
Fontaine-Chaalis ist eine kleine Ortschaft, in der tagsüber Ruhe herrscht. Nur zwischen 19 und 21 Uhr belebt sich das Dorf ein wenig, wenn Geschäftsleute aus den Pariser Randbezirken mit ihren Freunden die Auberge aufsuchen, um hier zu dinieren. Andere Gäste verirren sich nur noch selten an diesen Fleck der alten Postkutschenstrecke Senlis-Compiègne-Noyen, 35 km nördlich von Paris. Wozu also in den über steile Treppen erreichbaren Kammern des urigen Hauses die Teppiche oder die Blümchentapeten erneuern, den Wasserhahn reparieren oder Glühbirnen ersetzen?
In den 350 Jahre alten Mauern der Auberge – außer ihr, einem großen Gutshof, einem Kaufmannsladen und einer Kirche hat der Ort nicht viel vorzuweisen – war einst eine Bäckerei (der Backofen trägt die Jahreszahl 1651), und hätten Karine und Dominique Richard, als sie das Haus 1996 kauften und ihm einen farbenfrohen, provencealischen Charme verliehen, nicht die Fußböden erneuert, sähe beinahe das gesamte Haus noch so aus wie im 17. Jahrhundert. Dominique wurde im Frühjahr 2001 die Ehre zuteil, zum Leibkoch des Königs von Marokko zu avancieren, seither ersetzt ihn (in der Küche) sein Stellvertreter Stephane. Dessen Gerichte sind von ländlicher Ehrlichkeit. Und die Weine wie der Haute Médoc Château Lebade 1996 zu 28 Euro oder die günstigen Loire-Sorten (Saumur, Chinon) können sich sehen und schmecken lassen. Christophe berät Sie fachmännisch – er hat vielen Kollegen in den mondänen Châteaux einiges voraus, nicht zuletzt Fixigkeit und Freundlichkeit. Dominique Richard mag in seinem marokkanischen Exil ganz beruhigt sein.

GRAND HÔTEL DU COURS
ALLÉE VERDUN,
F-04200 SISTERON
(ALPES DE HAUTE-PROVENCE)
TEL. 0033 492 61 04 51
FAX 0033 492 61 41 73
E-mail: hotelducours@wanadoo.fr
Internet: www.sisteron.com/html/hcours/html

Anreise: Von Norden auf der N75, die zur Côte d'Azur führt. Man fährt durch die Unterführung ins Zentrum von Sisteron und sieht hinter dem ersten Verkehrskreisel das Hotel links hinter dem Stadtturm.
Entfernung von Grenoble 133 km, Aix-en-Provence 105 km.
Kreditkarten: Euro/Master, Visa, DC, Amexco.
Zahl der Zimmer: 50.
Zimmerpreise: 43 bis 77 Euro.
Parkmöglichkeiten: Garage im Hause; öffentliche Parkplätze im Stadtkern knapp und gebührenpflichtig.
Warme Küche: 12:30 - 14:00 und 19:30 - 22:00 Uhr.
Plätze im Restaurant: 85.
Ruhetag: keiner.
Betriebsferien: Das Haus hat ganzjährig geöffnet.
Freizeit und Erholung: Tennis, Schwimmbad, viele Möglichkeiten zu Ausflügen in die Umgebung. Zu empfehlen ist ein Altstadtbummel und die Besichtigung der Zitadelle.
Besitzer: Eliane und Léonce Michel.

Das Anwesen im Zentrum der alten Stadt Sisteron, der Pforte zur Provence, stammt aus dem 16. Jahrhundert und war einst

ein Ursulinen-Kloster. Die dicken Mauern des Hauses bezeugen seine ehrwürdige Geschichte; dort, wo sich einst die Kapelle befand, dinieren die Gäste heute in einem feinen Restaurant. Das stilvolle Ambiente mit viel antikem Mobiliar, alten Bildern und wertvollen Teppichen im Foyer lässt erkennen, dass die Familie Michel traditionellen Werten viel Aufmerksamkeit schenkt. In einer Stadt wie Sisteron mit ihrer 2000 Jahre alten Zitadelle, durch ein Verdikt des Franzosenkönigs Henri IV zur Blüte gebracht, aber auch durch Napoléon Bonapartes Durchzug im Jahre 1815 ebenso geprägt wie von dem (unfreiwilligen) Aufenthalt des Polenkönigs Kasimir, hebt sich ein Haus wie dieses auffallend von der Uniformität jüngerer und jüngster Großherbergen an der Peripherie dieser Stadt ab.

Seit mehr als hundert Jahren befindet sich das »Grand Hotel« in Familienbesitz. Monsieur Michel versteht es ausgezeichnet, seinen Gästen den Charme der »Alten Schule« zu vermitteln – ein wenig scheint es, als habe man hier das 21. Jahrhundert verschlafen. Zu den prominenten Gästen des Hotels zählten einst Umberto, König von Italien, ebenso der Herzog von Windsor, der Maler Georges Braque, Geza von Csiffra oder Anthony Perkins.
Die Karte des von der Juniorchefin Françoise Michel mit viel Professionalität geführten Restaurants wird allen kulinarischen Ansprüchen gerecht, wobei es sich empfiehlt, sich von dem Provençe-Klassiker Pieds et paquets überraschen zu lassen oder einmal die geröstete Taube zu probieren. Die Menüpreise beginnen bei 16 Euro. Von den meisten Tischen aus hat man einen interessanten Blick auf die Stadt.

AU COUP D'FREIN
F-89350 TANNERRE-EN-PUISAYE
(YONNE)
TEL. 0033 386 45 44 98

Anreise: Von Auxerre auf der D965 Richtung Südwesten nach Mézilles (35 km), dort nach rechts auf die D7. Nach 6 km liegt die Auberge im Dorf vor einer Biegung an der linken Straßenseite.

Entfernung von Auxerre 41 km, Sens 86 km.
Kreditkarten: Euro/Master, Visa, DC, Amexco.
Zahl der Zimmer: 2.
Zimmerpreise: 26 und 30 Euro.
Parkmöglichkeiten neben dem Haus.
Warme Küche: 12:30 - 14:00 und 19:30 - 21:30 Uhr.
Plätze im Restaurant: 30.
Ruhetag: keiner.
Betriebsferien: Das Haus hat ganzjährig geöffnet.
Freizeit und Erholung: Militärfahrzeugsammlung auf dem Nachbaranwesen, Naturpark St. Hubert beim Moutiers.
Besitzer: Bruno Barbault.

Entsprechend dem Namen der Herberge, die Sie im Vorüberfahren fast übersehen hätten, treten Sie spontan, aber wohl zu spät auf die Bremse. Kehren Sie um und halten Sie vor dem Bauernhaus an, das am mit Wein bewachsenen Giebel die Aufschrift »Hotel - Restaurant« trägt. Eine Einkehr lohnt, vielleicht ist sogar eines der beiden Zimmer für die Nacht frei. Sie befinden sich in den ehemaligen Ställen des vor 150 Jahren erbauten Fachwerkhäuschens und sind nach dem Verständnis des

Wirtes »modern« eingerichtet. Bad und Toilette sind up to date. Die Gaststube, in der Bruno Barbault und seine Schwester servieren, herrscht ländliche Gemütlichkeit. Die Barbaults sind ein Familienbetrieb; die Chefin ist für die Küche verantwortlich, Kinder und Enkel spielen zu Füßen der Gäste. Im Laufe des Mittags kommen ein paar Arbeiter auf einen Teller Steak-Frites vorbei, später noch einmal auf einen Kaffee. Abends aber wird nach altfranzösischer Art das Vier- bis Fünf-Gänge-Menü aufgetragen, gewürzt mit den Sprüchen des Patron – die natürlich nur die Einheimischen amüsieren (wie gut ist Ihr Französisch?). Drei Menüs zu 8,50, 14 und 20 Euro stehen zur Wahl, wobei ein zünftiger Assiette de cruditées nicht fehlt, ebenso wenig ein Salade la Poyaudine. Spezialitäten der Küchenchefin sind die Blanquette de veau, das Filet Hoki Poche à l'oiselle und die Pollée de crevettes roses (angemacht mit einem Schuss Cognac). Vier oder fünf Weine hat Bruno vorrätig, darunter einen Château de Cortis und einen kräftigen Palotte.

Im rückwärtigen Teil des kleinen Hofes dauerparken ein paar ausgediente Militärlastwagen, dort hat auch ein Händler mit antiker Uniformkleidung seine Remise. Das verbindende Element zum »Hotel« stellen ein paar Enten und Hunde dar, die sich jedem Gast freundschaftlich anbiedern.

Solche bescheidenen Herbergen auf dem Lande haben ihren eigenen Charme, der sehr im Gegensatz zu dem der bürgerlichen Häuser steht, mit denen man sie aber nicht vergleichen sollte. Es tut gut, an solchen Plätzen mal die Seele baumeln zu lassen.

LA TONNELLERIE
12, RUE DES EAUX-BLEUES,
F-45190 TAVERS / BEAUGENCY (LOIRET)
TEL 0033 238 44 68 15
FAX 0033 238 44 10 01
E-mail: tonelri@club-internet.fr
Internet: www.chateaux-france.com/-latonnellerie

Anreise: Auf der N152 von Blois nach Orléans kurz vor Beaugency rechts nach Tavers abbiegen. Nach knapp 2 km liegt im Ortskern links La Tonnellerie.
Entfernung von Blois 25 km, Orléans 25 km.
Kreditkarten: Euro/Master, Visa, DC, Amexco.
Zahl der Zimmer: 20.
Zimmerpreise: 61 bis 152 Euro, je nach Saison.
Parkmöglichkeiten auf dem Platz vor der Kirche.
Warme Küche: 12:30 - 14:00 und 19:30 - 21:30 Uhr.
Plätze im Restaurant: 50.
Ruhetag: keiner.
Betriebsferien: Im Januar und Februar.
Freizeit und Erholung: Besichtigung der Schlösser der Region, Bootsfahrten auf der Loire, Weinproben.
Besitzerin: Mme. Marie Christine Pouey

Aus dem im 19. Jahrhundert gebauten Haus eines Weinhändlers, der zugleich seine eigene Küferei betrieb, entstand in der kleinen Ortschaft Tavers bei Beaugency an der Loire 1970 ein Hotel, dessen Besitzerin bei der Einrichtung großen Wert auf ein Ambiente im historischen Stil legte. Vermutlich werden die einstigen Besitzer der »Tonnellerie« nicht ganz so feudal ge-

wohnt haben wie heute die Gäste des Viersterne-Hauses, die vorwiegend aus Belgien, aus den Niederlanden und aus England anreisen und sich von einem aufmerksamen Personal verwöhnen lassen. Aber arm war ein Küfer an der Loire damals gewiss nicht; Weinfässer benötigte man stets in großer Zahl! Nun, die heute mit wertvollen Möbeln bestückten Zimmer sind großzügig geschnitten und warten mit einem überdurchschnittlichen Komfort auf; zu Recht kann sich die Tonnellerie auf ihre vier Sterne berufen.

Die Karte des anheimelnden Restaurants mit Anklängen an das Fin-de-Siècle offeriert einige Spezialitäten, die klassisch-französische Küche kennzeichnen, wie das Escalope de foie gras de Canard couit à l'étouffé oder die Noisettes de filet mignon de porc et ses prûneaux au vin rouge – aber eine wahre Überraschung sind die Desserts wie das Pain perdu à l'ancienne, Blanc manger de pomelos et coulée de caramel. Probieren Sie auch den trockenen Chèvre mit geräuchertem Speck.

Die Menüs von 24 bis 42 Euro sind in Anbetracht ihrer Umfänge als preisgünstig zu bezeichnen. Besonderen Wert legt das Haus auf eine große Auswahl regionaler Weine (wir befinden uns schließlich an den Ufern der Loire!), und die Jahrgänge reichen zurück bis 1919. Da kann eine Flasche auch schon mal 300 oder auch 450 Euro kosten. Zu einem Couscous de homard einen kühlen und etwas preiswerteren Blanc maison aus dem Krug zu genießen, hat aber auch seinen Reiz, vor allem auf dem Platz hinter dem Haus, wo einst der Küfer den Vorrat seiner Fassdauben stapelte. Hier befindet sich heute ein schattiger Garten mit einem Pool im Hintergrund.

HOSTELLERIE PLACIDE
ROUTE D'ANNONNAY,
F-43190 TENCE (HAUTE-LOIRE)
TEL. 0033 471 59 82 76
FAX 0033 471 65 44 46
E-mail: placide@chateauxhotels.com
Internet: www.hostellerie-placide.fr

Anreise: Die N7 bei Sablons in Richtung Serrières (N82) verlassen, dort der Straße folgen, bis sie in Bourg-Argenta auf die D503 trifft und in deren Verlängerung (ab Riotard) D501 heißt. Nach 9 km bei Montfaucon links in die D500 einbiegen.
Entfernung von Valence 44 km, Puy-en-Velay 46 km.
Kreditkarten: Euro/Master, Visa, DC, Amexco.
Zahl der Zimmer: 13.
Zimmerpreise: 69 bis 99 Euro.
Parkmöglichkeiten auf dem Grundstück.
Warme Küche: 12:30 - 14:00 und 19:15 - 21:30 Uhr.
Plätze im Restaurant: 40.
Ruhetag: Das Restaurant hat außerhalb der Saison am Montag und am Dienstag geschlossen.
Betriebsferien: 15. November bis 15. März.
Freizeit und Erholung: Wassersport, Angeln, Schwimmen.
Besitzer: Véronique und Pierre-Marie Placide.

Im Land zwischen der Ardèche und der oberen Loire findet der Reisende in 800 bis 900 Meter Höhe ein ruhiges, vom Tourismus weitgehend unberührt gebliebenes Stück Frankreich, dessen Naturschönheit zu Wanderungen und Ausflügen einlädt. Die kleine Stadt Tence, am Lignon gelegen, ist mehr als 1000 Jahre alt. Ein wenig jünger ist indessen das herrschaftliche Haus an der Straße nach Annoncy, in dem sich seit dem Jahr 1902 die »Hostellerie Placide« befindet. Davor hieß sie «Augerge Chol« und bot Reisenden Unterkunft, die mit der Postkutsche unterwegs waren. Marinette Chol war die Großmutter Pierre-Marie Placides, und da sie in Häusern an der Riviera und in Paris gelernt hatte, wie man ein Hotel führt, hat sie mit ihrem frisch angetrauten Ehemann Armand Placide die alte Hostellerie in Tence erworben und daraus ein Landhotel gemacht.

Die Familie Placide führt das Haus heute in der vierten Generation, und statt der früher dreißig Zimmer gibt es heute nur noch 17 (weil man Platz benötigte, um jedes mit einem Bad zu versehen). Die elegante, gleichwohl rustikal-gemütliche Einrichung des Hauses trägt dazu bei, dass man sich auf Anhieb wohl fühlt. Die Küche unter der Leitung des Hausherrn. Pierre-Marie hat schon als Kind am Herd mitbekommen, was gute Kochkunst ausmacht, und so wurde er zu einem leidenschaftlichen Cusinier. Seine Cassolette de lentilles, pied de cochon et foie gras chaud oder sein Pain souflée mit Krabbenmus sind ungewöhnliche Kreationen, die man andernorts nicht findet. Lamm in Sesam, Langusten im Fenchel-Cappuccino, ein Mandel-Sabayon mit Karamelsoße – die Liste seiner Köstlichkeiten ist lang. Menüpreise: nicht unbescheidene 26 bis 40 Euro. Das Frühstück sollte man, wenn das Wetter es erlaubt, im Garten einnehmen.

LA HOSTELLERIE DE LA SOURCE BLEUE
MOULIN DE LEYGUES
F-46700 TOUZAC (LOT)
TEL. 0033 565 36 52 01
FAX 0033 565 24 65 69
E-mail: sourcebleue@wanadoo.fr
Internet: www.sourcebleue.com

Anreise: Von der Autobahn A20 nach Süden bis zur Abfahrt Cahors, auf der D911 Richtung Puy l'Eveque, dort links über den Fluss Richtung Touzac. Der Beschilderung folgen.
Entfernung von Cahors 35 km, Toulouse 90 km, Rodez 125 km.
Kreditkarten: Euro/Master, Visa, DC, Amexco.
Zahl der Zimmer: 12.
Zimmerpreise: 55 bis 104 Euro.
Parkmöglichkeiten auf dem Grundstück.
Warme Küche: 12:30 - 13:30 und 19:30 - 21:30 Uhr.
Plätze im Restaurant: 40.
Ruhetag: Das Restaurant hat Montagmittag und am Mittwoch geschlossen.
Betriebsferien: Im Januar und Februar.
Freizeit und Erholung: Ausflüge in die Umgebung und zu den Weingütern, Kanusport.
Besitzer: Jean-Pierre Bouyou.

Mit am schönsten am alten Gasthaus zur Blauen Quelle mit seinem Mühlenteich ist sein romantischer Innenhof. Aber auch jeder Raum, jeder Winkel in dem ehemaligen Mühlenbetrieb am Lot – er bestand einst aus drei separaten Mühlen, erbaut im 11., 12. und im 17. Jahrhundert – vermittelt den Charme vergangener Zeiten; der Gast fühlt sich vom ersten Moment an wohl und geborgen. Der Hotelier Jean-Pierre Bouyou und seine junge Frau haben es meisterhaft verstanden, dem Gemäuer einerseits die historische Ausstrahlung zu erhalten, andererseits dem Haus ein junges und frisches Ambiente zu verleihen. Die Räume sind nicht so klein, wie man es eigentlich erwarten könnte, der Komfort genau richtig, ohne üppig zu sein. Wer hier nur für eine Nacht zu bleiben gedachte, wird es sich überlegen, seinen Aufenthalt um 24 Stunden zu verlängern ...
Die Küche der »Source Bleue Enchantée«, wie sich das Restaurant des Hauses nennt, hätte ein paar Sterne verdient. Das Gratin von Langustenschwänzen auf Safran zu 18,30 Euro ist ein Gedicht, das Carrée d'agneau nicht minder, die Auswahl an Desserts und Käsesorten überwältigend – weniger in Bezug auf Quantität, sondern auf Qualität. Eine Crême brulée gehört zu den viel gerühmten französischen Klassikern, aber in der »Source Bleue Enchantée« ist sie anders als gewohnt: nämlich noch ein wenig besser. Vielleicht liegt's am Pflaumenschnaps, der ihr den gewissen Kick verleiht. Die Menüpreise bewegen sich zwischen 22 und 36 Euro, die Weine sind fast ausschließlich regionale Spezialitäten und allesamt als sehr preiswert zu bezeichnen.

LA CHAUMIERE VAL SUZON
ROUTE NATIONALE 71
F-21121 VAL SUZON (CÔTE D'OR)
TEL. 0033 380 35 60 83
FAX 0033 380 35 20 10

Anreise: Auf der N71 von Dijon nach Troyes befindet sich das Haus 300 m nach der Ortseinfahrt rechts hinter der Brücke.
Entfernung von Dijon 16 km, Châtillon s/Seine 67 km, Troyes 135 km.
Kreditkarten: Euro/Master, Visa, DC, Amexco.
Zahl der Zimmer: 6.
Zimmerpreise: 39 Euro.
Parkmöglichkeiten 50 m hinter dem Anwesen auf dem Straßen-Seitenstreifen.
Warme Küche: 12:30 - 14:00 und 19:30 - 21:00 Uhr.
Plätze im Restaurant: 36.
Ruhetag: Sonntagabend und Montag.
Betriebsferien: 22. Dezember bis 5. Januar.
Freizeit und Erholung: Ausflüge in die waldreiche Umgebung der Côte d'Or; Wanderwege, Segelflugschule. In 10 km Entfernung: Rennstrecke Prénois mit ganzjährigem Programm (z.B. Truck-Rennen, Oldtimer-Rennen, Porsche Cup).
Besitzer: Mme. G. Genin.

Vielleicht hatten Sie gehofft, in Dijon, der berühmten Stadt im Burgund, eine Herberge mit historischem Ambiente zu finden. Doch die in Frage kommenden Häuser liegen an Brennpunkten des Durchgangsverkehrs, wo Sie nicht einmal halten können, um nach Quartier zu fragen, und so ist zu raten, der N71 ein

Stück nach Nordwesten zu folgen und in dem 150-Seelen-Dorf Val Suzon Station zu machen.

Oberhalb der Rue de la Chapelle befindet sich eine Mühle aus dem 16. Jahrhundert. Sie steht an einer kleinen Brücke, die 1803 gebaut wurde, weil Fuhrleute und Postkutscher es leid waren, auf ihrem Weg nach Dijon weite Umwege in Kauf zu nehmen (inzwischen gibt es eine weitere Brücke, über welche jetzt die N71 führt). So erhielt die Talsenke des Flusses Suzon vor 200 Jahren für den Handelsweg nach Ostfrankreich einige Bedeutung, und für den Müller schien es bald interessanter, Reisende zu beherbergen und zu verköstigen als Getreide zu mahlen. Das schmal gebaute Gasthaus mit seinem Anbau, der noch erkennen lässt, wo sich einst das Mühlrad und das Mahlwerk befanden, ist mit seinem antiken Mobiliar und alten Holzsprossenfenstern ein Ort der Nostalgie, nur sollten Sie keine allzu hohen Erwartungen in bezug auf Perfektion hegen: Die Zimmer sind eng und dem Grundriss des Hauses entsprechend weder rechtwinklig noch haben sie ebene Böden. Pluspunkte gibt's für die ausgezeichnete Küche: Die Menüs zu 12 bis 20 Euro verraten Liebe zum kulinarischen Handwerk und entsprechendes Können, wobei ein ausgezeichnetes Boef Bourgignon (Rindsroulade) in würziger Soße oder eine zarte Moussline de saumon à la noix de St. Jacques zu empfehlen sind, wie auch der Salade de Chaumière. Bei den Weinen rangieren die Burgundersorten weit oben; die Auswahl ist begrenzt, aber gut. Der Bourgogne Alligoté, Chovray les Beaune und Monthély 1er Cru verdienen hervorgehoben zu werden, aber auch der einfache Pinot Noir ist eine gute Wahl. Bemerkenswert ist die Warnung auf der Weinkarte, dass zuviel Alkohol Ihrem Wohlbefinden abträglich sein könnte ...

HOSTELLERIE DU LUBERON
COURS SAINT-LOUIS,
F-84160 VAUGINES (VAUCLUSE)
TEL. 0033 490 77 27 19
FAX 0033 490 77 13 08

Anreise: Auf der A7 nach Süden, 12 km hinter Avignon Abfahrt Sénas, von dort 6 km auf der N7 Richtung Douneau, nach weiteren 3 km auf die N561, nach 14 km links auf die N534 Richtung Cadenet, von dort noch 6 km weiter nach Norden bis Vaugines.
Entfernung von Aix-en-Provence 32 km, Avignon 52 km.
Kreditkarten: Euro/Master, Visa, DC, Amexco.
Zahl der Zimmer: 16.
Zimmerpreise: ab 67 Euro, Halbpension p.P. ab 69 Euro.
Parkmöglichkeiten neben dem Anwesen und vor dem Haus.
Warme Küche: 12:00 - 14:00 und 20:00 - 22:00 Uhr.
Ruhetag: keiner.
Betriebsferien: 15. November bis Ende Januar.
Freizeit und Erholung: Billard, Sauna, Minigolf, Wandern, Besichtigung der Lavendel-Parfümproduktion in Coustellet und des Château St.-Pierre de Mejans.
Besitzer: Patricia und Bruno Renaudin.

Ein weit abseits und daher ruhig gelegenes Haus im landschaftlich reizvollen Vorland des Luberon. Schon die Anfahrt durch Weinberge und Pinienwälder gibt die richtige Einstimmung auf das, was Sie erwartet. Vaugines ist wie Ansouis, Cadenet, Bonnieux und Gordes eine kleine, alte und charmante Vaucluse-Kleinstadt mit schönen Häusern aus Naturstein und einer Kir-

che aus dem 12. Jahrhundert. Die »Hostellerie du Lubéron« liegt außerhalb des Ortes am Fuße einer hügeligen Landschaft und wurde 1964 in den Mauern eines Bauernhauses eingerichtet, dessen Grundfesten auf das 18. Jahrhundert zurückgehen. Von der Zeit der Römer bis zur Renaissance und Inquisition war diese Gegend Schauplatz vieler kriegerischer Auseinandersetzungen. Urkundliche Überlieferungen gehen auf das Jahr 961 zurück, als die Famillie Sabran, ansässig auf der Burg vion Ansouis, eine Schlacht gegen katalonische Eroberer verlor.

Das provencealische Ambiente der kleinen Hostellerie wird durch warme Farben bestimmt, die im Interieur für Akzente sorgen. Die sonnendurchfluteten Räume versetzen den Gast in Ferienlaune, wozu auch die Liebenswürdigkeit des Patron und seiner Frau beitragen: Bruno und Patricia Renaudin kümmern sich sehr um das Wohlbefinden ihrer Gäste; sie führen das Haus seit 1992 und besaßen vorher eine Konditorei in Marseille.
Für das leibliche Wohl der Gäste sorgt Alain; zu seinen kulinarischen Kreationen gehören Hummerklößchen in einer pikanten Fischsoße (Quenelles de homard braisées en sauce de fruits de mer), eine Gardianne de toureau und – wie es sich in der südlichen Provence gehört – eine gute Bouillabaisse. Die vom Chef erfundene Feigenpastete gehört zu den Hors d'oevres, die man zu allen vier Menüs (von 17 bis 34 Euro) bekommen kann. Die Weine stammen von den Châteaux de Clapier, Saint-Pierre de Méjans, Ste.-Estière de Néri und anderen Domänen des Luberon. Besondere Empfehlung: Côte de Nuits-Village aus dem Hause Chopin-Groffier.

AUBERGE DE LA MADELEINE
6, PLACE DE LA MADELEINE,
F-41100 VENDÔME (LOIR-ET-CHER)
TEL. 0033 254 77 20 79
FAX 0033 254 80 00 02

Anreise: An der Strecke von Tours nach Chartres (N10) gelegen, weisen in Vendôme Schilder zum Office de Tourisme. Der anschließende Platz hinter dem großen Parkareal an der Kirche ist die Place de la Madaleine.
Entfernung von Tours 54 km, Chartres 70 km.
Kreditkarten: Euro/Master, Visa, DC, Amexco.
Zahl der Zimmer: 8.
Zimmerpreise: 32 bis 45 Euro.
Parkmöglichkeiten auf dem Platz vor dem Haus (wenn nicht Markttag ist) oder auf dem Areal am Loir.
Warme Küche: 12:30 - 14:00 und 19:30 - 21:00 Uhr.
Plätze im Restaurant: 45.
Ruhetag: keiner.
Betriebsferien: Im Februar.
Freizeit und Erholung: Besichtigung der Altstadt mit ihren Kirchen, Museen und Ausstellungen, Bootsfahrten auf dem Loir.
Besitzer: Mme. und Mr. Maubouet.

Vendôme, einst eine bedeutende Handelsstadt am Oberlauf des Loir (ohne e), erlebte im frühen 15. Jahrhundert unter Herzog Jean III eine große Blüte. Dieses kulturelle Erbe kennzeichnet die Stadt noch heute und hat sie zu einem attraktiven Zentrum des Tourismus gemacht. Der Herzog ließ auch die Kirche Sainte-Marie-Madeleine bauen, neben der von Saint Martin und der

Abtei de la Trinitié das wichigste, beinahe vollkommen erhalten gebliebene sakrale Bauwerk aus jener Zeit. Die mittelalterlichen Häuser rund um den Platz vor Ste.-Marie-Madeleine wurden um 1850 jedoch abgerissen – wahrscheinlich waren sien längst unbewohnbar geworden oder eingestürzt (wie der alte Schlossturm oberhalb der Stadt im März des Jahres 2001). An ihre Stelle traten neue Häuser, und eines von ihnen beherbergte 50 Jahre lang die Werkstatt eines Schusters. Seine Erben veräußerten das Anwesen an einen Gastronomen, der durch Zukauf des Nebenhauses Platz schuf, um dort ein Restaurant unterzubringen. Bald kamen ein paar Gästezimmer hinzu.

Als die wirtschaftliche Bedeutung der Stadt Vendôme zugunsten von Blois und Orléans abnahm, gingen auch die Umsätze der Hotellerie sehr zurück. Die »Auberge de la Madeleine« am gleichnamigen Platz vor der Kiche gehört zu den wenigen Hotels der Stadt, die ihre Existenz bewahren konnten. Im Zuge seiner vor nicht allzu langer Zeit erfolgten Renovierung büßte das Haus zwar Teile seiner historischen Einrichtung ein (die Balkendecke in der Rezeption ist noch vorhanden), dafür hat man an Sommerabenden das Vergnügen, sein Diner im Garten am Ufer des Loir zu genießen. Menüpreise: 13 bis 34 Euro.

Madame Maubouet versorgt das Haus und empfängt die Gäste, während der Chef in der Küche aktiv ist und dort beispielsweise ein königliches Blanc de Cardinal, Eminence de veau oder Cuisse de lapin aux pistaches zubereitet. Die Weine, die man anzubieten hat, kommen vorwiegend aus den umliegenden Regionen, wobei der preiswerte rote Sancerre, der Saumur Champigny und der Côteau de Vendômois einen Vergleich mit jeder weitaus teureren Charge aushalten.

HOSTELLERIE LE CLOS
98, RUE DE LA FERTÉ VIDAME,
F-27133 VERNEUIL-SUR-AVRE (EURE)
TEL. 0033 232 32 21 81
FAX 0033 232 32 21 36
E-mail: leclos@relaischateaux.fr

Anreise: Verneuil-sur-Avre liegt etwa auf halbem Wege zwischen Paris und Alençon an der N12; das Hotel befindet sich direkt an der Ortseinfahrt.
Entfernung von Paris 75 km, Alençon 65 km.
Kreditkarten: Euro/Master, Visa, Amexco, DC.
Zahl der Zimmer: 7 Zimmer, 3 Suiten.
Zimmerpreise: ab 126 Euro.
Parkmöglichkeiten auf dem Hof.
Warme Küche: 12:30 - 14:00 und 19:30 - 21:30 Uhr.
Plätze im Restaurant: 22.
Ruhetag: keiner.
Betriebsferien: 15. Dezember bis 20. Januar.
Freizeit und Erholung: Besichtigung der Abtei aus dem 11. Jahrhundert und der Altstadt von Verneul mit diversen Museen. Reitsportmöglichkeiten.
Besitzer: Patrick Simon.

Dieses Haus ist ein Schatz, den es zu entdecken gilt. Erst 1960, gut hundert Jahre nach seiner Erbauung, wurde das Manoir am Rande der kleinen Stadt Verneuil-sur-Avre zum Hotel umgewandelt; davor war es das Privatdomizil einer aristokratischen Familie im Département Eure.
Mit nur sieben Gästezimmern und drei Suiten bleibt die private

Atmosphäre dieses schönen Backsteinbaus gewährleistet, der aus einem Märchenbuch stammen könnte. Hier hat ein Architekt seiner Phantasie freien Lauf geben dürfen, und zum Glück haben die neuen Besitzer keine Veränderungen vorgenommen, die das originelle Manoir seines Wertes beraubt hätten. Passend zu den alten Türen, Fenstern und Holzfußböden hat man Dekor und Mobiliar gewählt, als man aus dem Wohnsitz eines »Landadligen« ein Hotel machte. Umgeben von einer Mauer und einem parkartig angelegten Garten, macht die Hostellerie noch immer den Eindruck eines Privathauses, bei dem man sich scheuen würde, die Einfahrt hinaufzufahren, stünde das Tor nicht weit offen und eine Tafel mit der Karte des Restaurants daneben.

Nicht zuletzt hat auch die von Giovanni Blafouné geführte Küche schon so manchen Gast zum Wiederkommen veranlasst. Das Können des Chefs erweist sich in seinen köstlichen Pommes trappés et gelée au baume de Venise oder im Filet de barbe au cidre. Die Menüpreise beginnen bei 29 Euro, und wer sich über den stolzen Preis von 210 Euro für das Menu Petillant wundert, muss wissen, dass es für zwei Personen ist, acht Gänge umfasst und sogar eine Flasche besten Champagners einschließt.
Verneuil-sur-Arve liegt in der Basse Normandie, ist geologisch aber das Tor zur Bretagne. Die Stadt (7000 Einwohner) ist reich an historischer Bausubstanz aus acht Jahrhunderten und einen ganztägigen Besichtigungsbummel wert. An der Rezeption der »Hostellerie des Clos« wird man Ihnen gern Vorschläge für einen Rundgang machen, wie überhaupt Aufmerksamkeit und Liebenswürdigkeit des Service eine besondere Erwähnung verdienen.

AUBERGE DE LA FORÊT
38, RUE GABRIEL GOUSSAULT,
F-72320 VIBRAYE (SARTHE)
TEL. 0033 243 93 60 07
FAX 0033 243 71 20 36

Anreise: Auf der D302 (parallel zur A11 Paris-Le Mans) den Schildern nach Vibraye folgen; im Ortskern (Place de l'Hôtel de Ville) bis zur Kirche, die einen großen Parkplatz hat. Dort rechts dem Hinweisschild zum Hotel folgen, es liegt 50 m weiter hinter einer Kurve.

Entfernung von Le Mans 50 km, Paris Zentrum 165 km.

Kreditkarten: Euro/Master, Visa, DC, Amexco.

Zahl der Zimmer: 7.

Zimmerpreise: 41 bis 45 Euro.

Parkmöglichkeiten: Die Einfahrt zum Hof ist sehr eng, aber es gibt dort reichlich Parkmöglichkeiten, die auf der Straße begrenzt sind.

Warme Küche: 12:30 - 14:00 und 19:30 - 21:30 Uhr.

Plätze im Restaurant: 40.

Ruhetag: Sonntagabend und am Montag hat das Restaurant geschlossen.

Betriebsferien: 1. bis 25. Februar.

Freizeit und Erholung: In der Nähe ist das berühmte Schloss Montmirail zu besichtigen. Beim Rundgang durch die kleine Stadt nicht versäumen, in Madame Bretaus Elektroladen an der Place de l'Hôtel de Ville zu schauen: Der Flohmarkt von Paris ist gar nichts dagegegen...

Besitzerin: Mme C. Renier.

Als das Haus 1864 von einem Monsieur Martin als Postkutschenstation eröffnet wurde, trug es den Namen »Lion d'Or« (Goldener Löwe), aber weil man dem Wirt eine gewisse Trägheit nachsagte, hieß es im Dorf bald »Le Lion dort« (der Löwe schläft). Mit seinen knapp 800 Einwohnern war ganz Vibraye einschließlich seiner Feuerwehr vermutlich ein wenig verschlafen: 1872 wurde der Ort fast zur Gänze das Opfer einer Feuersbrunst, wobei auch das Schloss des Comte de Vibraye sowie das Gasthaus weitgehend niederbrannten. Dessen Neuaufbau und Wiedereröffnung erfolgte unter dem Namen »Auberge de la Forêt«, weil das Haus am Rand eines ausgedehnten Forstes lag, von dem ein verbliebener Teil heute den schönen Park hinter dem Anwesen bildet. Ein Teil des Gasthofes fiel 1999 abermals einem Feuer zum Opfer, wobei die Löscharbeiten mehr Schaden als die Flammen anrichteten.

Monsieur und Madame Renier haben sich sehr viel Mühe gegeben, ihr liebevoll restauriertes, ruhig gelegenes und von vielen Gästen gelobtes Haus wieder auf einem hohen Standard zu bringen. Die sieben Zimmer sind nicht sehr geräumig, aber gemütlich, das Restaurant mit seiner Gartenterrasse – an lauen Sommerabenden ein idealer Platz fürs Diner im Freien! – mit professionellem Engagement geführt.

Maître Renier ist wie so viele Inhaber kleiner Häuser zugleich der Chefkoch – und ein sehr guter obendrein. Beweise seiner Kunst wären zum Beispiel sein Croustillant de richettes et pied de porc oder das Duo gigot et côte d'agneau. Auch die Desserts verraten viel kulinarische Kreativität. Die Auswahl der Weine ist für ein Haus dieser Kategorie erstaunlich groß – schließlich weiß der Wirt selbst einen guten Tropfen zu schätzen.

AUBERGE DU MAÎTRE PANNETIER
8, PLACE DE LA CORPS DU GARDE,
F-85120 VOUVANT (VENDÉE)
TEL. 0033 251 00 80 12
FAX 0033 251 87 89 37

Anreise: Vouvant liegt unweit der A83 Niort-Nantes, die man in Höhe Fontenay-le-Comte verlässt. Der D938T nordwärts Richtung La Châtaigneraie und Bressuire folgen; nach 16 km rechts auf die D30 einbiegen. Die Auberge liegt hinter der Kirche.
Entfernung von La-Roche-sur-Yon 72 km, Nantes 132 km.
Kreditkarten: Euro/Master, Visa, DC, Amexco.
Zahl der Zimmer: 7.
Zimmerpreise: 30 bis 34 Euro.
Parkmöglichkeiten nur in den umliegenden Straßen.
Warme Küche: 12:30 - 14:00 und 19:30 - 21:30 Uhr.
Plätze im Restaurant: 38, im Gewölbekeller 12.
Ruhetag: Montag.
Betriebsferien: Die ersten drei Wochen im Februar und die letzten beiden Wochen im Oktober.
Freizeit und Erholung: Besuch des Vergnügungsparks Puy du Fou bei Les Epesses, Ausflüge in die Wälder des Mervent, Besichtigung der Altstadt von Vouvant mit ihrer Cité de Mélusine.
Besitzer: Grégory und Jacqueline Maillet.

Am 16. Mai des Jahres 1896 hatten die Brüder Ferdinand, Jacques, Jean und François Pannetier zu Ehren ihres Urgroßvaters eine Tafel angefertigt, die dem hundertjährigen Bestehen der Auberge gewidmet war. Sie hängt über dem Schreibtisch

an der Wand der kleinen Rezeption des Hauses, das heute wie vor 200 Jahren über nicht mehr als sieben Gästezimmer, aber auch über ein Kellergewölbe verfügt, das ein herrlicher Platz für zünftige Gelage unter Freunden ist. Sind's mehr als zwölf, ist das Restaurant im Erdgeschoss wohl geeigneter.

Vouvant, eine Stadt römischen Ursprungs am Rande eines großen Naturparks und ein faszinierendes Stück Baugeschichte verkörpernd, muss einen besonderen Reiz auf Engländer ausüben. Sie haben im Laufe der letzten Jahre zahlreiche Häuser in der Altstadt erworben; man hört hier Englisch ebenso häufig wie Französisch. Möglich, dass die Küche des jungen Grégory Maillet eine Rolle bei dem Entschluss spielt, sich als Brite ausgerechnet in Vouvant anzusiedeln! Denn in der »Auberge de Maître Pannetier« zu speisen (Menüs zu 22 und 25 Euro), ist ein Vergnügen. Geheimtips: Grégorys Tour-nédos cuit a notre façon sauce Cognac, sein Médaillon de daguet de la Maison Hérault oder die Lachs-Kombination poché, mariné, fumé.

Die kleinen Zimmer sind im bäuerlichen Stil mit Kiefernholzmöbeln (und beinahe schalldichten Fenstern) ausgestattet – die Preise, die Monsieur Maillet dafür kassiert, vielleicht ein wenig überzogen. Immerhin, von zwei Zimmern aus hat man einen schönen Blick auf die gewaltige, abends von innen illuminierte Kirche aus dem 12. Jahrhundert, die man aber auch vom Vorplatz der Auberge bei einem Glas Pissotte (Fiefs Vendéennes) oder Château de Rosnay bewundern kann – regionale Rotweine, die preiswert und bekömmlich sind. Wenn um 21 Uhr die letzten Mopeds um die Ecke gefegt sind, wird es »intra mures« sehr still; selbst in den Vorgärten der britischen Kolonialisten gehen um diese Zeit die Lichter aus und in den Wohnstuben die Fernsehgeräte an, BBC sei dank.

AUBERGE DU VAL AU CESNE
ROUTE DE DUCLAIR,
F-76190 YVETOT / CROIX-MARE
(SEINE-MARITIME)
TEL. 0033 235 56 63 06
FAX 0033 235 56 92 78

Anreise: Bis Yvetot Centre Ville, dort an der Mairie um den Verkehrskreisel im spitzen Winkel nach links auf die D5, der man, die D131E kreuzend, 4 km in Richtung Duclair folgt; hinter einem Wald im Tal liegt die Auberge.
Entfernung von Yvetot 4 km, Rouen 36 km, Le Havre 59 km.
Kreditkarten: Euro/Master, Visa, Amexco, DC.
Zahl der Zimmer: 5.
Zimmerpreise: 73 Euro.
Parkmöglichkeiten vor dem Haus.
Warme Küche: 19:00 - 21:30 Uhr.
Plätze im Restaurant: 14 im Restaurant, 60 im Gartenpavillon.
Ruhetag: Das Restaurant hat am Montag und am Dienstag geschlossen.
Betriebsferien: 8. bis 28 Januar und 20. August bis 2. September.
Freizeit und Erholung: Die Umgebung bietet viele Ausflugsmöglichkeiten zu alten normandischen Dörfern.
Besitzer: Jérôme Carel.

Wenn man auf der Reise zur französischen Kanalküste eine Herberge sucht, die nicht nur günstig am Wege liegt, sondern dem Gast die Atmosphäre der Haute Normandie früherer Zeiten vermitteln soll, kommt eine Übernachtung in der »Auberge

du Val au Cesne« in Frage. Schöner kann ein klassisches normandisches Fachwerk-Landhaus in seiner Umgebung nicht eingebettet sein. Das Läuten der Kuhglocken von den umliegenden Weiden erinnert an Almwirtschaften im Allgäu.
Die wie ein alter Kaufmannsladen eingerichtete Rezeption, das Restaurant mit seinem alten Kamin und den Fachwerk-Lehmwänden sowie die Küche sind im Haus an der Straße untergebracht; die fünf komfortabel und mit sehr viel Liebe zum Detail ausgestatteten Gästezimmer befinden sich in einem separaten Haus, das sich im Garten des Anwesens versteckt. Der Weg windet sich durch Blumen, Kräuterbeete und Gehege mit edlem Geflügel. Am Hang steht ein alter Pavillon für besondere Veranstaltungen mit Platz für 60 Personen. In den Gästezimmern kontrastieren Holzmöbel aus den dreißger Jahren mit feinen Stoffen, die zum Beschlagen der Wände Verwendung fanden; alte Holztäfelungen und Steinfußböden lassen erkennen, dass dieses Gasthaus schon sehr lange existiert. Bereits im 12. Jahrhundert soll an diesem Fleck Graf Guilleaume Le Sesnes alljährlich zu Ostern ein Essen für die Bauern seiner Ländereien gegeben haben – aus Eiern bestehend, die während der Fastenzeit gesammelt worden waren (und die dann nicht mehr ganz frisch gewesen sein dürften).
Die Karte der Auberge du Val au Cesne übt sich in Bescheidenheit: Es gibt zwei Fisch-, zwei Fleisch-, und zwei Geflügelgerichte, als entrée eine Gemüsesuppe und zum Nachtisch ein paar Käsehäppchen und ein Dessert. Die Auswahl an Weinen beschränkt sich auf sieben. Aber sowohl die Mahlzeiten nach Rezepten der Großmutter Henriette als eben jene sieben Weine verdienen ein paar Sterne: Hier ist es wieder einmal die Qualität, nicht die Quantität, die zählt.

LE SCHLOSSBERG
RUE DU SCHLOSSBERG,
F-68340 ZELLENBERG (HAUT-RHIN)
TEL. 0033 389 47 93 85
FAX 0033 389 47 82 40

Anreise: Auf der D1 aus Richtung Colmar nach Mittelwihr; von dort 2 km nach Zellenberg. Die Altstadt hinauf, an der Straßengabelung rechts in die Rue du Schlossberg. Die Rezeption ist im Haus an der linken Straßenseite.
Entfernung von Riquewihr 2 km, Colmar 11 km.
Kreditkarten: Euro/Master, Visa, DC, Amexco.
Zahl der Zimmer: 9.
Zimmerpreise: 50 bis 100 Euro.
Parkmöglichkeiten auf dem Platz 50 m hinter dem Haus; zwei Garagenplätze.
Warme Küche: 12:00 - 14:00 und 19:30 - 22:00 Uhr.
Plätze im Restaurant: 20 (maximal 32).
Ruhetag: keiner.
Betriebsferien: Das Haus hat ganzjährig geöffnet.
Freizeit und Erholung: Ausflüge ins Elsass, in die Vogesen; Weinproben bei den Kellereien der Region, Ballonfahren.
Besitzer: Charlie Maierböck.

Diese Adresse sollten Sie besser für sich behalten. Zum einen hat der Wirt des kleinen »Hotel Schlossberg« nicht mehr als neun Zimmer zu vermieten, zum anderen könnte es ja sein, dass auch Sie einmal in die Verlegenheit geraten, à la discretion ins Elsass verreisen zu müssen und dort ihren Freunden und Partnern nicht in gleicher Mission begegnen möchten ...

Das Anwesen besteht aus zwei sich gegenüberliegenden Gebäuden in der malerischen Altstadt des kleinen Ortes Zellenberg, wobei das ältere 350, das jüngere »nur« 100 Jahre alt ist. Letzteres hat Charlie Maierböck erst vor zwanzig Jahren erworben und mit historischem Material (teils aus dem Abriss einer alten Kirche) in ein Schmuckstück von einem Feinschmeckerlokal verwandelt. Nur wer nicht mehr als 60 cm Sitzplatzbreite beansprucht, dem gesteht der Wirt die Verköstigung zu, wenn mehr als 20 Gäste die Stub füllen. Sie gleicht einem kleinen Museum durch 300 Jahre elsässische Geschichte; jedes Möbelstück, jedes Detail ist mit Sorgfalt ausgesucht und sitzt am richtigen Platz. Aber unaufdringlich genug, um dem Gast genügend Konzentration aufs Essen (und Trinken) zu ermöglichen.

Charlie Maierböck hat nicht nur Qualitäten als Innenarchitekt. Sondern er ist mit ebensoviel Hingabe in seiner kleinen Küche am Werk und kredenzt besonders lieben Gästen – die sich dafür erkenntlich zu zeigen wissen – auch schon mal zu später Stunde einige seiner Spezialitäten oder einen hochprozentigen Tropfen in seinem Keller, zu dem VIPs nur Zutritt haben, wenn sie auf Bodygards verzichten. Sein Sauerkraut macht er mit viel Gänseschmalz an, die Soße zum Kaninchenbraten ist mit Pinot Noir verfeinert, seinen Munsterkäse serviert er in einer gebackenen Kartoffel. Die Menüpreise liegen bei 20, 24 und 40 Euro. Die Weinkarte umfasst mehr als 200 Gewächse, und sie kommen von so bekannten Gütern wie Becker, Hugel, Schwach, Mauler, Trimbach, Schaller oder Sipp.

Franzosen kehren im »Schlossberg« nur selten ein; meist sind es Schweizer, Belgier oder hin und wieder Deutsche, die hier Zimmer reservieren – viele Wochen im Voraus.

à discretion – nach Belieben
à la bonne femme – nach Hausfrauenart
agneau – Lamm
agneau de lait – Milchlamm
aguillette – Streifen (Fleisch)
aillée – mit Knoblauch angemacht
amande – Mandel
amuse-bouche – Appetithäppchen
anguille – Aal
artichaut – Artischocke
asperge – Spargel
assorti – gemischt
au plat – in der Pfanne gebraten
baeckeoffa – Ragout-Eintopf (Elsass)
baguette – Weißbrotstange
barbeau – Barbe (Karpfen)
barquette – Schiffchen aus Blätter- oder Mürbeteig
beignet – Krapfen
beurre – Butter
beurré – gebuttert
bisque – Hummer- oder Krabbensuppe
blanc – Frischkäse
blanc de volaille – Geflügelbrust
boef – Rind
boef à la mode – Rinderbraten mit Kalbsfüßen und Speck
boef Bourgignon – Rinderroulade
bouillabaisse – Fischeintopf
bourride – Fischgericht (Provençe)
braisé – geschmort
brandade – Püree aus Fisch mit Kartoffeln
brioche – Hefekuchen
brochet – Hecht
brochette – kleiner Bratspieß
brouillé – verrührt, geschlagen (Eier)
brûlé – geröstet, überbacken
boudroie – Rotwurst, in der Pfanne geschmort
cabillau – Kabeljau, Dorsch
café – Kaffee
café complet – kleines Frühstück
café décaféiné – koffeinfreier Kaffee
café glacé – Eiskaffee
café au lait – Milchkaffee
caille – Wachtel
canard – Ente
caneton – Jungente
carrée – vorderes Rippenstück (Kalb, Lamm, Schwein)
casse-croûte – Imbiss
cassolette – Räucherpfanne
cassoulet – Eintopf mit Schweinefleisch und Bohnen
céleri – Sellerie
cèpe – Steinpilz
chamois – Wildbret
chanterelle – Pfifferling
chapon – Kapaun
charcuterie – Aufschnitt
châtaigne – Esskastanie
chèvre – Ziege, Ziegenkäse
chevreau – Zicklein
chicorée – Endivie
chou – Kohl, Kraut
chou farci – Kohlroulade
chou rave – Kohlrabi
chou rouge – Rotkohl
choucroute – Sauerkraut
ciboule – Lauchzwiebel
ciboulette – Schnittlauch
citrouille – Kürbis
civet – Wildpfeffer
cochon – Schwein
cochon de lait – Spanferkel

coeur d'artichaut – Artischockenherz
compote – Brei, Mus
confité – eingelegt, eingemacht, kandiert, im eigenen Fett
consommée – klare Brühe
consommée Colbert – Geflügelkraftbrühe
copeaux – Späne, Holzstäbchen
coq – Hähnchen
coq au vin – Hähnchen in einer Speck- und Pilzsoße, mit Weißwein angemacht
coquilles – Muscheln
coquilles St. Jacques – Jakobsmuscheln
côte – Rippe, Rippenstück
coulis – Püree von Krustentieren
coup – Schluck, Schoppen
crabe – Krebs
crème – Rahm. Sahne
crème anglaise – Vanillecreme (Dessert)
crème brûlée – Karamelcreme, mit Zucker karamelisiert
crème portugaise – Tomatencremesuppe
crème fraiche – Sauerrahm
crêpe – dünner Pfannkuchen
crevette – Garnele
croque-monsieur – Käse/Schinken-Sandwich, in Butter gebacken
croustade – gefüllte Blätterteigpastete
croustillant – knusprig
croûte – Kruste, Rinde, Toast
crudités – Rohkost, frisches Gemüse
crustacés – Krebse, Krustentiere
cuisine – Küche
cuisse de grenouille – Froschschenkel
cuissot – Keule, Schlegel
daguet – Hirsch
dauphinoise (à la) – mit Kartoffelgratin
dégustation – Probe
déjeuner – Mittagessen
désossé – entbeint
dessert – Nachspeise
diable – Römertopf (Tontopf)
digestif – Verdauungsschnaps
dindon – Truthahn
dîner – Abendessen
doré – goldgelb gebraten
douceurs – Süßspeisen
eau gazeuse – (Mineral-)Wasser mit Kohlensäure
eau plate – (Mineral-)Wasser ohne Kohlensäure
écrevisse – Flusskrebs
émincé – in dünne Scheiben geschnitten
épinard – Spinat
escalope – Schnitzel
escargot – Schnecke
espadon -Schwertfisch
étouffée – gedämpft
faisan – Fasan
falette – gefüllte Lamm- oder Kalbsbrust

far – Auflauf
farce – Füllung
farci – gefüllt (z.B. mit Hackfleisch)
faux filet – Rinderlende
fayot – weiße Bohne
fenouil – Fenchel
ferme – Bauernhaus
feuille – Blatt
feuilleté – Blätterteigpastete
figue – Feige
filet – Filet
filet mignon – Filetspitz des Rinds, Lendchen
fines herbes – frische Kräuter
flan – Pudding, Auflauf
flaugnarde – Obstauflauf
flétan – Heilbutt
foie – Leber
foie gras d'oie – Gänseleber
foie gras de canard – Entenleber
fondu – geschmolzen, zerlassen
fourré – gefüllt
fraise – Erdbeere

framboise – Himbeere
frappée – eisgekühlt, geschlagen
fromage – Käse
fruit – Frucht
fruits de mer – Meeresfrüchte
fumé – geräuchert
galette – Flacher Hefekuchen mit Belag
galette loyonnaise – Kartoffel-Zweibel-Kuchen
garni – mit Beilagen versehen
gâteau – Kuchen, Gebäck
gaufre – Waffel
gibier – Wild
gigot – Keule, Schlegel
gingembre – Ingwer
giroles – Pfifferlinge
glace – Eis
godiveau – Kalbfleischklößchen
gourmandise – Leckerbissen
gratin – Blechauflauf

gratiné – im Ofen überbacken
grillé – auf dem Rost gebraten
haricots verts – grüne Bohnen
herbes – Kräuter
homard – Hummer
hors d'oevres – Vorspeisen
huile – Öl
huître – Auster
jambon – Schinken
jambon fumé – Räucherschinken
jus – Bratensaft
lait d'amande – Mandelmilch
laiton – Milchlamm
laitu – Blattgemüse
langouste – Languste
langue de boef – Rinderzunge
lapereau – Wildkaninchen
lapin – Kaninchen
lard – Speck
lardon – Speckstreifen
légumes – Gemüse
lentilles – Linsen
lièvre – Feldhase
lotte – Seeteufel
madrilène – Geflügelkraftbrühe
magret (maigret) – Brustfilet von der Ente
maquerau – Makrele
marbré – marmoriert
marmite – Schmortopf
marron – Edelkastanie
mas – Bauernhaus (Provence)
millefeuille – Blätterteig
mincé – kleingehackt
mirepoix – Gemüsewürfel, gedünstet
moelle – Rindermark
morue – Seelachs, Schellfisch
moule – Miesmuschel
moulé – in einer Form gebacken
mousse – schaumige Creme
moutarde – Senf
mulet – Meeräsche
navarin – Lammragout mit Kartoffeln und Gemüse
noisette – Nüsschen
noix – Stück aus der Keule
nougat – Dessert aus Mandeln Nüssen, Zucker (hell und dunkel)
nouilles – Nudeln
oeuf – Ei
oeufs brouillés – Rühreier
oeufs sur le plat – Spiegeleier
oie – Gans
oignon – Zwiebel
paillarde – Kalbs- oder Rinderschnitzel
pain – Brot
pain de viande – Hackbraten
pain d'épices – Lebkuchen
panaché – gemischt
papillotte – Wickel
pâte – Teig, Pastete
pâté – Pastete in einer Teighülle
pavé (de boeuf) – Rinderfilet
perdreau – junges Rebhuhn
perdrix – Rebhuhn
persil – Petersilie
petits fours – Konfekt

pétoncle – kleine Muscheln
pichet – Weinkrug
pigeon – Taube
pintade – Perlhuhn
pistache – Pistazie
plie – Scholle
poële – Bratpfanne
poëllé – Inhalt einer Pfanne
point, à – halb durch, innen rosa (Fleisch)
poireau – Lauch
pois – Erbse
poisson – Fisch
poivrade – Pfeffersoße
poivre – Pfeffer
poivron – Paprikaschote
polenta – Maisbrei
pomme – Apfel
pomme de terre – Kartoffel
pommes de terre a l'anglaise – Salzkartoffeln
pommes de terre duchesse – Herzoginkartoffeln
pommes de terre lyonnaises – Bratkartoffeln mit Zwiebeln
pommes de terre sarladaises – Bratkartoffeln
porc – Schweinefleisch
porcelet – Jungschwein
pot-au-feu – Eintopf mit Fleisch
potage – Suppe
poulet – Hähnchen
pousse – Schössling
primeurs – junges Frühlingsgemüse
prune Pflaume
quenelle – Kloß, Knödel
quenelles de brochet – Hechtklößchen
quiche – flacher Kuchen aus Mürbeteig mit Schinken, Käse, Zwiebeln
raifort Meerrettich
ratatouille – südfranzösisches Eintopfgericht mit Gemüse und Fleisch
rillette – Mett
rillon – Grieben
rissoler – in Butter braun backen
riz – Reis
rognon – Niere
rond de tranche grasse – Blume der Rinderkeule
rosbif – Roastbeef
rôti – im Ofen oder in der Pfanne gebraten
rouget – Barbe
salé – gepökelt, gesalzen
sandre – Zander
sang, au – im Blut
sanglier – Wildschwein
sarrasin – Crêpes (Pannkuchen) mit kräftigem, nicht süßem Belag
saucisse – Wurst
saucisson – Würstchen
saumon – Lachs
sauté – kurz angebraten
selle anglaise – Lammrücken
selon poids – nach Gewicht
sorbet – Wassereis
soupe – Suppe
suprême – feinstes Fleischstück
tarte – flacher Kuchen
tartine – Butterbrot
terrine – Pastete im Steinguttopf
thon – Thunfisch
timbale – Füllung
tournedos – Lendenschnitte
tourteau – Taschenkrebs
turbot – Steinbutt
travers – Schweinerippchen
tripes – Innereien
valencienne, à la – mit Reis und Paprika
varié – gemischt
veau – Kalbfleisch
verveine citronelle – Eisenkraut
viande – Fleisch, Fleischgericht
vin – Wein
vinaigre – Essig
volaille – Geflügel

INHALT

Lieber Leser dieses Hotelführers

Wenn Ihnen auf ihren Reisen »Gast-Häuser und historische Hotels« aufgefallen sind, die unbedingt in unsere Bücher aufgenommen werden sollten, dann lassen sie uns dies wissen. Wir freuen uns über Ihre Tipps und Hinweise.
Bitte teilen Sie uns auch Ihre Meinung zu diesem Titel mit. Wir sind für Anregungen stets dankbar.

Vielen Dank für Ihre Aufmerksamkeit.
Hoffmann Verlag

Weilimdorfer Str. 76, D-70839 Gerlingen
Postfach 10 01 23, D-70826 Gerlingen
Tel. 0 71 56 / 43 08 39 · Fax 0 71 56 / 43 08 27
E-Mail: info@hoffmann-verlag.de
Internet: www.hoffmann-verlag.de